*No Words of Warmth*

Keine wärmenden Worte

For my next-door neighbors

Für meine Nachbarn von nebenan

4–5

*What a*
Im Auge
*golem's*
des
*eye sees*
Golems

Widerspenstige Verfilzungen schnell ausgebürstet und genügend Haare ausgerissen, dass sie in einem verhexten Wirbelwind aus Spucke und Blut vorbeirasen und plötzlich als kleiner Golem auf meiner Handfläche sitzen. Wie der Golem von Prag, erweckt, um gegen Pogrome und Antisemitismus zu kämpfen. Ich warte ab, ob der hier das auch tun wird. Die Stille der reglosen kleinen Figur erinnert mich an meine Freund*innen, die oft denselben schweren Blick haben. Was sie wohl wahrnimmt?

Bemerkt sie den Spott und das Desinteresse, die das öffentliche Feiern der jüdischen Kulturtage zwischen Harz und Heide in Braunschweig im Hintergrund begleiten? Oder vielleicht, wenn ich sie näher am Boden halte, spürt sie die Erschütterungen, die die Angriffe in Hanau verursacht haben, die nachfolgenden Demonstrationen, während die besorgten Stimmen aus dem Telefon in meiner anderen Hand nachhallen? Ist sie vielleicht unser aller Golem? Konnte auch sie die Graffiti an der Moschee in Leipzig lesen, an der ich neulich vorbeikam? Hingeschmierte, eindeutige Hassbotschaften, wie die auf den Synagogen vor hundert Jahren.

Als die Verbrechen des Nationalsozialismus zuerst ans Licht kamen, hieß es, es sei unfassbar. Aber wenn ich heute islamfeindliche Graffiti sehe, die einigen Vierteln dieser Stadt, in der ich lebe, ins Gesicht geschrieben stehen, dann wird es für mich greifbar, dass die Gewalt von damals wieder auftaucht.

Der Golem zuckt nicht mal mit der Wimper in Anbetracht meiner Gedanken, was nicht weiter verwunderlich ist, da er ja nicht echt ist. Ich kratze ihn weg, und an seiner statt erscheint ein Loch in meiner Handfläche.

Gnarls of knots in my hair are brushed quickly, enough strands fall away that with a swirling wind of witchery, mixed with spit and blood, a little golem sits in my hand. Like the Golem of Prague that awoke to defend against pogroms and antisemitism, I wait to see if this one will as well. The still little sculpture reminds me of friends who possess a heavy gaze. I wonder, what does it sense?

Does it hear the background derision and apathy as the Jewish cultural days were publicly celebrated in Braunschweig? Or perhaps if I bring it closer to the ground, it can hear the vibrations from the attack, and later demonstrations, in Hanau, while the phone in my other hand is echoing with worried voices. Could it even be a shared golem? Did it read, like me, the graffiti on the mosque in Leipzig that I passed the other day, with the same hate-filled words that undoubtedly were on a synagogue a century ago?

"Unbelievable" is what was said when the first horrors of World War II came to light, but today looking at the anti-Muslim graffiti, a kind of spitting image of some part of the city I stand in, I feel a part of a new belief I didn't choose: that a violence that happened once, can happen again.

The golem doesn't even twitch in answer to my thoughts; that's no surprise because it isn't real. I scrape it away, revealing a hole in the palm of my hand. Raising it to the light, I try to see through it, but there is only a portal of murky darkness. If there is

Ich halte meine Hand gegen das Licht und versuche, durch das Loch hindurch zu sehen, aber da ist nichts, nur eine Pforte in eine trübe Düsternis. Welche altneue „Unfassbarkeit" liegt dort, die ich nicht wahrnehmen kann?

Meine echten Freunde – die mit den schweren Blicken – und ich, wir stecken in einem Ordner unter meinem Bett. Vielleicht wären wir glücklicher, wenn ich uns nicht in Fotografien eingefroren und unsere Wesen damit auf den Bruchteil nur eines Augenblicks reduziert hätte. So aber werden wir zu fotografischen Figuren, unbeweglich wie eine Mauer aus Traurigkeit, Verzweiflung und Absurdität, von der ich mich frage, wer sie gebaut hat. Es ist eine Fotostrecke über ein Jahr. Danach habe ich jahrelang nicht mehr ernsthaft fotografiert, weil ich mir nicht sicher war, ob ich jemals wieder etwas machen könnte, das, wenigstens mir, so viel bedeutet. Ich musste erst Mut fassen, um es wieder zu probieren.

Es gelingt mir selten, etwas zu erschaffen, das mir Jahre später noch etwas bedeutet. Ich bin mir nicht mal sicher, wie es mir in der Zukunft mit diesem Text ergehen wird. Ich habe mir fest vorgenommen, mit diesem Buch, mit meiner Perspektive auf das Judentum, gegen den Antisemitismus, den ich in Deutschland und in meiner eigenen Familiengeschichte erkenne, zu kämpfen. Trotz meiner guten Absichten finde ich mich im Schreiben dieser Selbstethnografie gefangen, in einem Zwiespalt, weil ich mich selbst dafür als Jüdin kategorisieren muss. Diese Zuschreibung ist aber eigentlich nur eine Facette meiner Identität. Als Ausweg bleibt mir vielleicht, einfach ehrlich damit umzugehen.

a sense to it, I do not recognize it. What old-new "unbelievable" is there that I cannot perceive?

My true friends–the ones with this gaze–and I are bound in a folder under my bed in a series of pictures. Perhaps if we weren't frozen in the photos, spirits restrained to a fraction of a moment, these unsmiling features would be different. As it stands, there we are in the pictures, as photographic figures in an unmoving wall of sadness, desperation, and absurdity, one that makes me wonder if it is either reflected or inflicted. A year-long series of photos. I stopped photographing seriously for years afterward. I wasn't sure if I could make something as meaningful ever again, at least for myself, and I needed to gather the courage to try again.

It's rare for me to create something that is still meaningful to me years later. I am not even sure how I will feel about these writings in the future. My intent is to fight against antisemitism with this book through a depiction of my Judaism. Despite my good intentions, I find myself crushed into a writing of self-ethnography where I categorize myself as a Jew to write a Jewish depiction, something that is only one facet of my identity. I try getting out of this trap in order to fulfill my desire for a true portrayal.

Searching for a way out of this, I question, how can I now deliver what I intend to do? I truly wish that my words could achieve something against the antisemitism I see in Germany and throughout my

Ich frage mich jetzt also, wie ich trotzdem einlösen kann, was ich mir selbst versprochen habe. Auf meiner Suche nach einem Ausweg frage ich mich, wie ich mein Versprechen einlösen kann. Ich würde mir wirklich wünschen, dass meine Worte etwas gegen Antisemitismus ausrichten können. Und noch während ich nach Worten dagegen suche, beschleicht mich das Gefühl, dass wenn es sie irgendwo gäbe, sie wohl schon jemand vor mir gefunden und formuliert hätte. Dieses frustrierende Gefühl wird mich aber nicht davon abhalten, es zu versuchen.

Ich bin eine Einzelperson, keine Stellvertreterin für eine ganze Religion oder überhaupt eine Gruppe. Es gibt so viele Arten von Jüdischsein, wie es jüdische Menschen gibt. Oder in anderen Worten: Wir sind, wie alle anderen auch, so einzigartig wie die Sandkörner am Ufer des Meeres. Ich kann über mein Jüdischsein schreiben und mich als Mensch zeigen, aber niemand, der mir das abspricht, würde dieses Buch je in die Hand nehmen. Und wenn doch:

Hallo,
in einer besseren Welt wären du und ich gleich.
Ich bin hier,
mit dir.

family's history. In my frantic search for them, I join the row of people in the past and present who have formulated words against it. The deep frustration I feel because of this ongoing need for these words won't stop me from trying.

Moreover, I am as representative of a religion or a group of people as any one person is. There are many kinds of Jewish people, or in other words: we are, as everyone is, as individual as the distant stars in the sky with histories as singular as the grains of sand on the shore. I can write about my Jewishness, outlining myself as human, but no one who would see me differently than one would pick up this book anyway. But if you have done so:

Hello,
I am here,
as you are here.
In a better world,
you and I would be treated as equal to another.

*When*
Als ich mich
*I moved,*
bewegte,
*I hurt*
verletzte ich
*myself*
mich selbst

In einem der heißesten Länder der Welt aufzuwachsen, macht etwas mit dir. Nackt sein fühlt sich dort an, als würde sich eine heiße, drückend warme Decke um dich legen, eine aus Sonne und Natur, wie eine Gegenwart, die dich einhüllt.

Growing up in one of the hottest countries in the world does something to you. There, even standing naked, it feels like you have a blanket of heat around you, one made of sun and nature, a presence enveloping you.

Manchmal vermisse ich das so sehr, dass ich weinen will. Ich weiß nicht, warum ich von dort an diesen bitterkalten Ort hier gezogen bin. Fremde, Verwandte und Freund*innen haben mich das immerzu gefragt, seit ich vor einiger Zeit, alleine, hierhergekommen bin. Vielleicht konnte ich die Abscheulichkeiten um mich herum nicht mehr ertragen. Die allgegenwärtige Gewalt im Kleinen und im Großen. Oder ist der Grund meine Großmutter und die Geschichte meiner Familie, die von hier stammt und von hier geflohen ist? Bin ich in gewisser Weise auch geflohen, nur hierher?

Ich weiß nicht, ob ich diesen Schritt auch gemacht hätte, wäre mir damals bewusst gewesen, wie viel Anstrengung und Zeit es mich kosten würde, mich auch hier zu Hause zu fühlen. Mit einem Schaudern denke ich zurück an diese Mühen.

Es war eine lange Achterbahnfahrt der Schuldgefühle, bis ich endlich wieder in der Lage war, an meiner Kunst weiterzuarbeiten. Vorher habe ich mich verzweifelt von einem Boyfriend zum anderen gestürzt, lechzend nach einem Hauch von Liebe und Trost. Ausgequetscht habe ich sie, bevor ich einen nach dem anderen wegwarf. Wie ein Parasit habe ich ihnen die Kraft ausgesaugt, die ich brauchte, um wieder für mich selbst zu stehen.

Sometimes I miss the warmth so much I could cry. I don't know why I moved to this bitterly cold place. Strangers, family, and friends have been asking me this since I came here, a long time ago, alone. Is it because I couldn't stand the atrocities around me? The little and large public violence of the day-to-day? Or is it because of my grandmother and the roots of our family, who came and fled from here? Have I also fled, in a way, to find myself here?

I don't know if I would have done it if I had known back then the massive effort and time it would take to feel at home again. I look back in awe of those struggles. It took a long, guilt-riddled rollercoaster to reach a space where I felt I could work on art again, first clawing and squeezing for a semblance of comfort and love from boyfriend to boyfriend until I discarded them: like a parasite, I sucked out the strength I needed to stand alone.

Phoning with my much younger sister, I heard that she had discovered what was once my drug of choice, men and sex. Laughingly, my sister spoke of her previous night's hook-up, and asked me when my last time was. My dearest sister was disbelieving of my answer. Just you wait, I thought, the bitter cold had pervaded me and now I had a bitterness in me too.

Damals, am Telefon mit meiner viel jüngeren Schwester, erfuhr ich, dass auch sie das entdeckt hatte, was einst meine Lieblingsdroge gewesen war: Männer und Sex. Lachend erzählte sie von ihrer letzten Nacht und fragte mich, wann mein letztes Mal gewesen sei. Meine herzallerliebste Schwester konnte kaum glauben, was sie hörte. Wart's nur ab, dachte ich, und zur Kälte, die schon in mir war, gesellte sich auch noch Bitterkeit.

Wart's nur ab, bis du den Sex gehabt hast, den ich hatte. Eine müde, schmutzige Angelegenheit, um nachts besser einzuschlafen. Ficken und Schläge, während du in den letzten Zuckungen einer Beziehung auf dem Rücken liegst, eigentlich nein sagen willst, so viel Bedauern. Bis der Orgasmus eine Erinnerung ist oder eher ein Mythos. Ich schaue in den Spiegel und sehe eine weitere Narbe.

Da hat etwas Neues begonnen, und jeder Schritt war seitdem anstrengender als der vorige. Eine Sehnsucht nach Liebe und der Enthusiasmus, die mich einst erfüllten und die vielleicht unter der sonnigen wärmenden Decke gewachsen waren, wachsen heute als giftige Bitterkeit ins winterliche Dunkel.

Just you wait until you have had the sex I did, a tired, dirty thing to fall asleep faster at night. A thump-thump then slap, laying on your back in the dying, twitching throes of a relationship, wanting to say no, and then the passing wave of regret, so much regret and guilt. Until orgasm is a memory–or better said, a myth–for did it ever happen at all? I look in the mirror and see a new scar.

From then on, it started, each step harder than the last. A nostalgia for a love and enthusiasm I once had, planted by warmth and light, today salted with a bitterness made of winter darkness. A phase that started in my home and moved outside to the snow and public. In my room, I shot the film *My Vagina is not a Cunt*, or sometimes simply named *Cunt*, later shown in a little film festival. It was raw, the love I once had for being naked was turned into an act of vulnerability and violence. In some ways a grim reenactment of a previous successful film where I had pissed myself. My mother didn't understand the film. I didn't either, but at least the description paragraph seemed to.

The chain of works one after another ended in a performance. One I had decided to do and in preparation wrote about. Reading what I wrote aloud fulfilled me: I realized I didn't need to perform it at all.

Diese neue Phase begann in meinem Zimmer und zog von dort nach draußen in den Schnee und in die Öffentlichkeit. In meinem Zimmer drehte ich den Film *Meine Vagina ist keine Fotze*, oder einfach *Fotze*, der später auf einem kleinen Filmfestival gezeigt wurde. Er war roh, die Liebe, die ich einst für das Nacktsein empfunden hatte, verwandelte sich darin in einen Akt von Verletzlichkeit und Gewalt. In gewisser Weise war es die trostlose Fortsetzung eines erfolgreichen früheren Films von mir, in dem ich mich vollgepisst hatte. Meine Mutter verstand den Film nicht. Ich auch nicht, aber immerhin schien der Begleittext zu wissen, worum es ging.

Ich hatte eigentlich geplant, dass alle Arbeiten aus dieser Zeit in einer Performance münden. Stattdessen schrieb ich dann aber einen Text darüber, und weil das laute Vorlesen des Textes mich schon erfüllte, verlor die Performance ihre Notwendigkeit.

Durch diesen Text spürte ich, dass ich angekommen war. Die Verzweiflung angesichts meiner Entwurzelung war nun nach einer Flut von Gefühlen, in der ich fast untergegangen wäre, langsam abgeebbt. Es war meine eigene Entscheidung, Familie und Freund*innen hinter mir zu lassen und meine Füße aus dem Boden zu ziehen, in dem sie gerade erst Wurzeln geschlagen hatten. Ich frage mich, wie viel erschütternder diese Erfahrung gewesen wäre, wäre es nicht meine eigene freie Entscheidung gewesen. Ich kann die Antwort nur erahnen. Es muss ein Tsunami gewesen sein, der das Echo des Leidens über alle kommenden Generationen geschwemmt hat. Ich kann die Erschütterungen hören, wenn ich mein Ohr an den Boden presse.

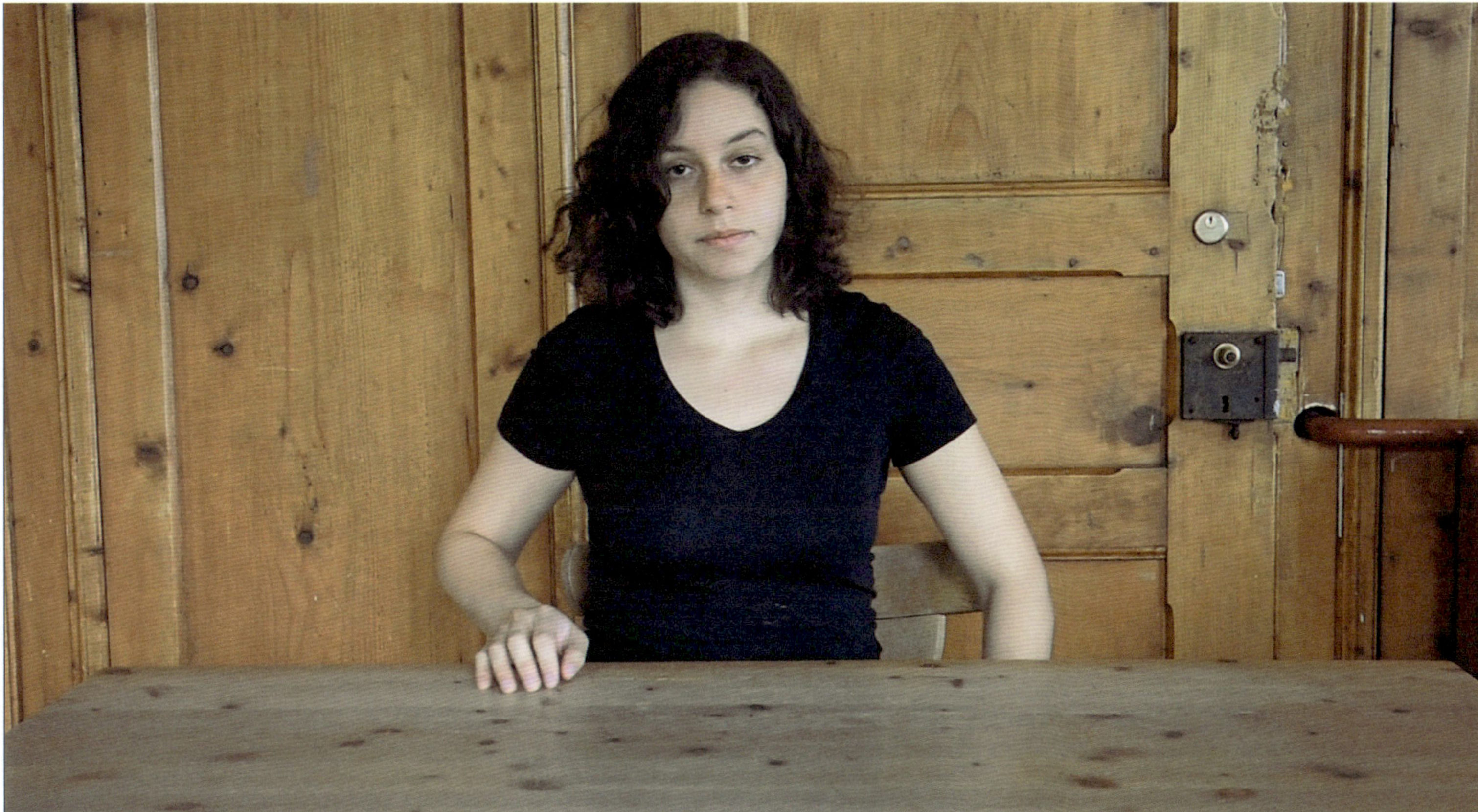

*Woher kommen Sie?* Video still

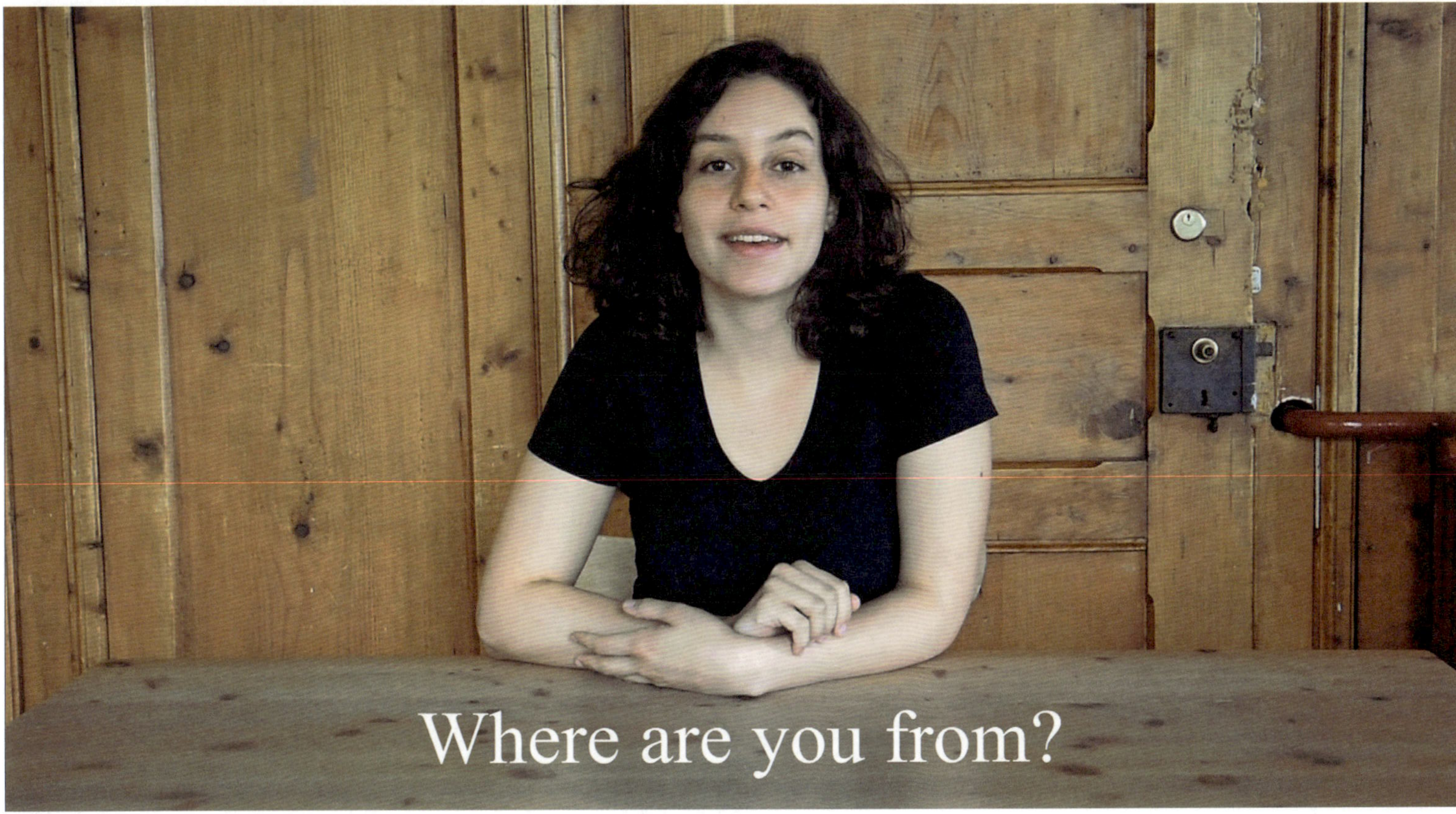


*Woher kommen Sie?*

I felt that I had arrived. The desperation that came from being uprooted, the tide of feeling that came like a wave, first pulling in and then sprawling out, had abated. It had been my choice to do that, to leave my family and friends, pulling my feet out of a soil that they had barely begun to curl into. I wonder how much more painful that would have been had it been forced on me. I only half-know the answer; it must have been a tsunami, screaming an echo across generations that I hear when I put my ear to the ground.

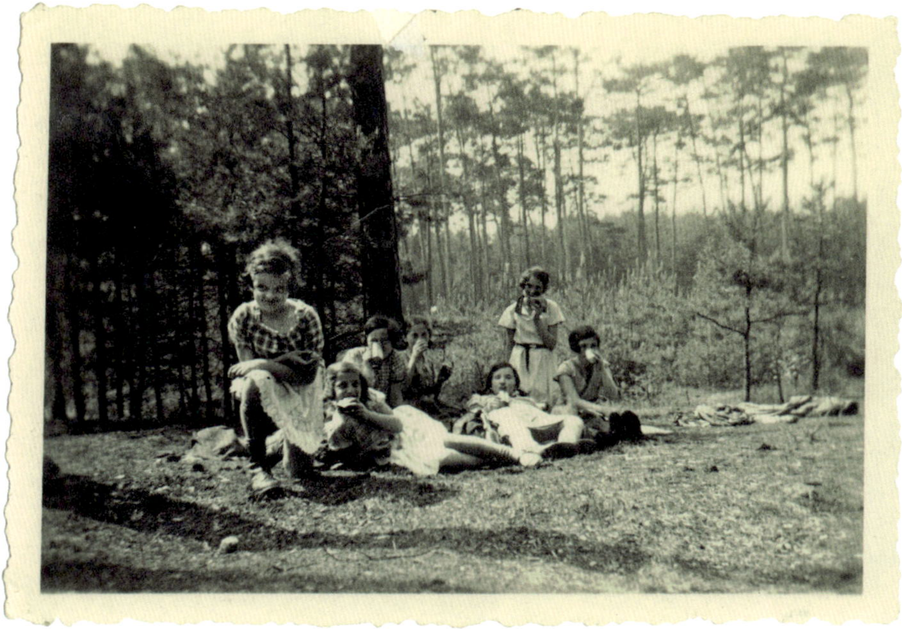

*Breathing archive:* family pictures

*I don't want to be*

Ich möchte nicht

*your good Jew*

eure gute Jüdin sein

Eine malerische kleine Hafenstadt, ein größeres und drei kleinere Museen mit wechselnden Ausstellungen: Das ist der Ort, an dem ich eine Zeit lang, aufgewachsen bin. Einmal kam ich an einem drückend heißen Tag an einem dieser Museen vorbei. Weil sich der Eingang an einem steilen Anstieg befindet und ich sowieso etwas Zeit hatte, fiel die Entscheidung leicht, spontan eine klimatisierte Pause zu machen.

*The Wandering Jew* hieß es auf der Tafel neben der Tür: der Wandernde, oder das deutsche Äquivalent dazu – der *Ewige Jude*. Ich hörte zum ersten Mal von dieser Figur. Alle hier ausgestellten jüdischen Künstler*innen hatten dieses antisemitische Narrativ aufgenommen und es zu ihrem eigenen gemacht. Verzerrte Gesichter, knorrige Hände, die sich an einen Gehstock klammern, eine Familie, in Stein gemeißelt auf ihrem erzwungenen Weg, das Selbstporträt einer Massenflucht. Diese grausamen Geschichten und deren Rückaneignung haften mir bis heute an. Sie fühlen sich wie eine Art Wahrheit für mich an: Auch ich bin eine Wandernde, eine Ewige Jüdin, überall und nirgendwo zu Hause. Meine Eltern, ihre Eltern und wiederum die Eltern ihrer Eltern teilen alle eine Geschichte von Flucht oder Migration.

Imagine a quaint little harbor city with one main museum and three smaller ones, both with their permanent and slowly changing temporary exhibits. That's where I partly grew up. By chance, I was walking by a smaller museum on an oppressively hot day with some time on my hands. Its entrance is in the middle of a sharply inclined uphill. It was an easy decision to take a spontaneous air-conditioned break.

*The Wandering Jew* it said on the board near the door: the first time I had heard of the figure. Each painting in the exhibition was by Jewish artists who had taken that antisemitic narrative and turned it into their own. Distorted faces, knobby hands on a walking stick, self-portraits of fleeing, a family of people stuck on a path forced on them. This cruel narrative struck me, as did its reappropriation, and this is one reason that I still remember the exhibition today. Another is because it felt like one sort of truth. I, too, am a wandering Jew, at home nowhere and anywhere. My parents, their parents, and in turn, the parents of their parents all have a history of flight or migration.

Es ist wie ein gesellschaftlicher Fluch, der sich durch Aberglauben und antisemitische Taten selbst erfüllt. Ein weiterer ist die Überzeugung, die sich in uns allen festgesetzt hat: einmal jüdisch, immer jüdisch. Ein Urteil, das vielleicht, so vermute ich manchmal, zu einer neuen Art von Jüdischsein geführt hat: kulturellem Jüdischsein. Darin erkenne ich mich manchmal wieder. Weder religiös noch zionistisch, aber erfüllt von vager Nostalgie in Bezug auf mein jüdisches Aufwachsen. Die endlose Leier der eintönigen Pessach-Nächte ist dabei genauso verbindend wie andere kleine Eigenheiten kultureller Gemeinschaft und eben auch die uns aufgezwungene persönliche Vertretungsrolle für ein Land und eine Religion – ob wir nun damit einverstanden sind oder nicht. Oder die kollektive Leidensgeschichte, verwoben mit uralten Feiertagen, die „Wir haben überlebt!" jauchzen, damals und auch heute. Dabei geht es um mehr als den Holocaust: Es geht um die lange Liste von Pogromen und Gewalt, wie zum Beispiel den Tod meines Urgroßvaters, der im Irak in den Straßen von Basra erstochen wurde, weil er Jude war, auch dort.

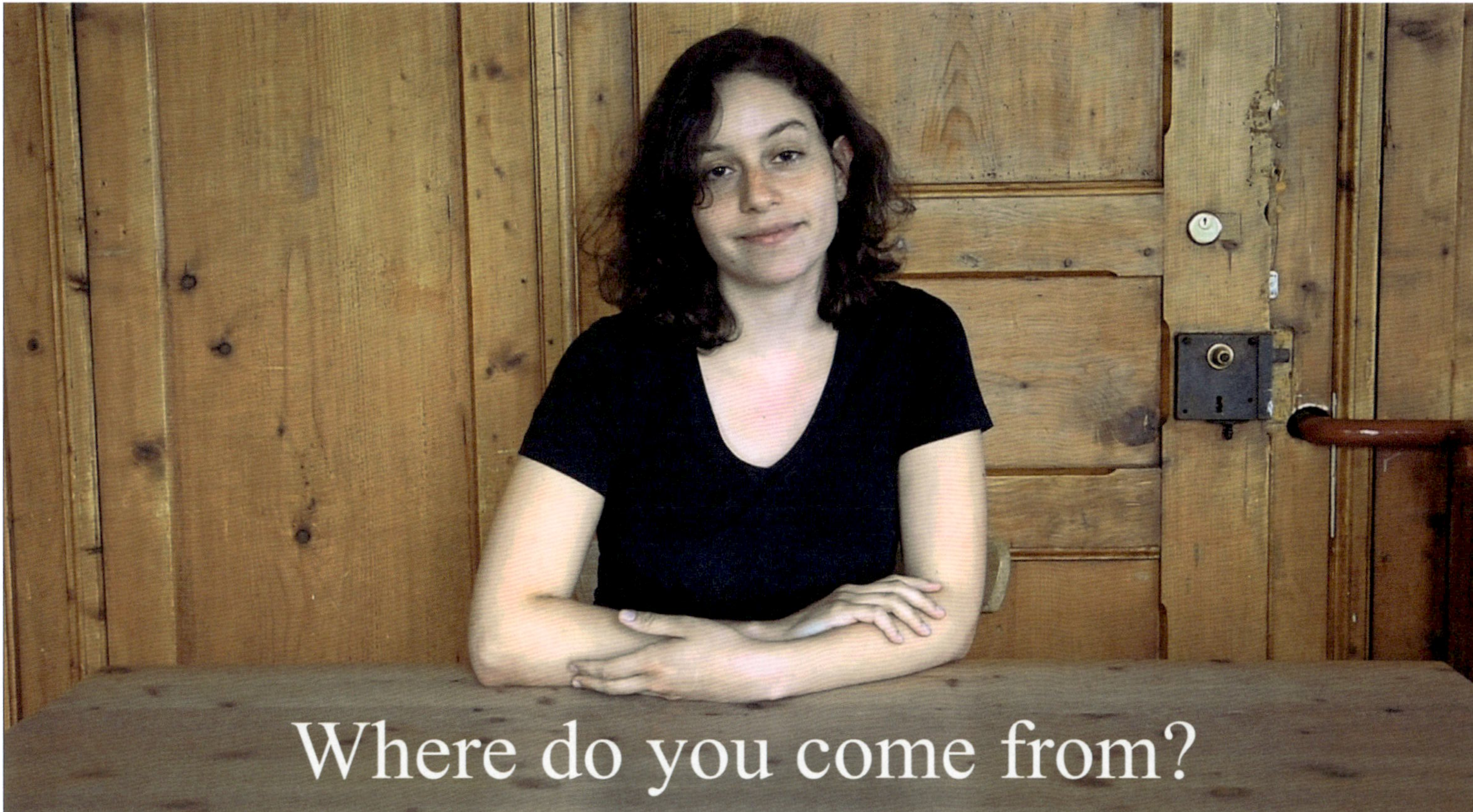


*Woher stammen Sie?*

Nach diesem Mord und der folgenden Flucht nach Israel entwickelte sich in meiner Familie eine tiefe Abneigung gegen den arabischen Anteil unserer Identität. Diese Ablehnung und die wachsende Identifizierung mit dem Zionismus endete damit, dass schließlich alle Familienmitglieder wie damals üblich – und von außen bestärkt – den eigenen Vor- und Nachnamen änderten um weniger arabisch, sondern auf die „richtige" Art jüdisch, „richtig" israelisch zu klingen. Dadurch vermischten sie bereits damals diese zwei verschiedenen Konzepte miteinander.

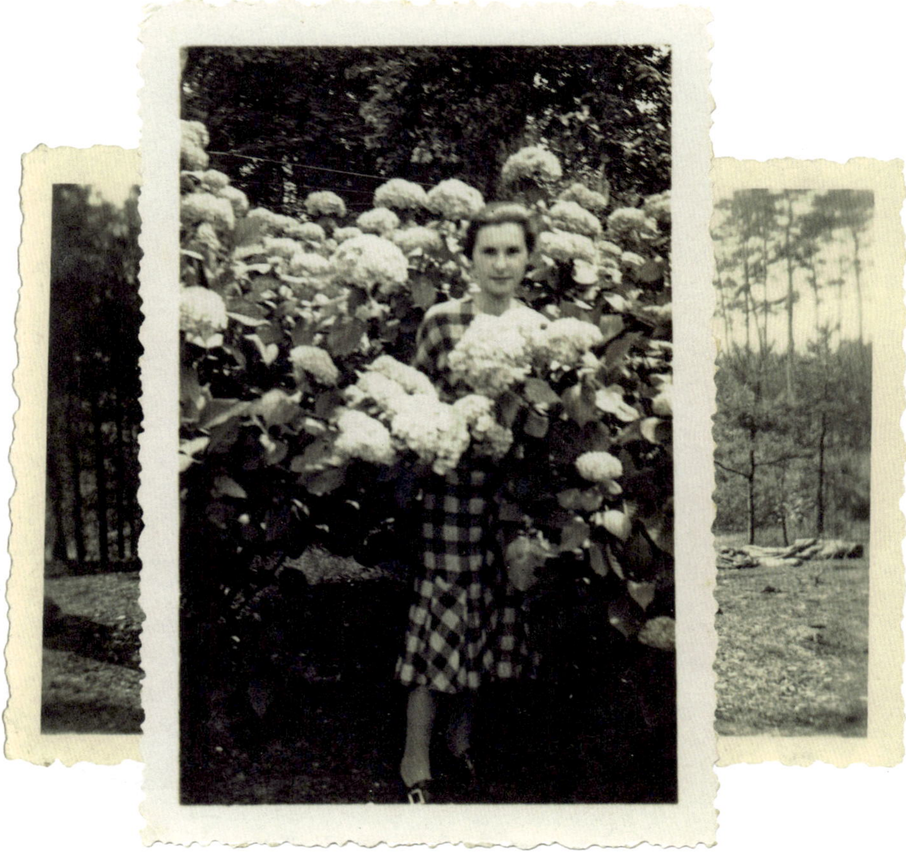

*Breathing archive:* family pictures

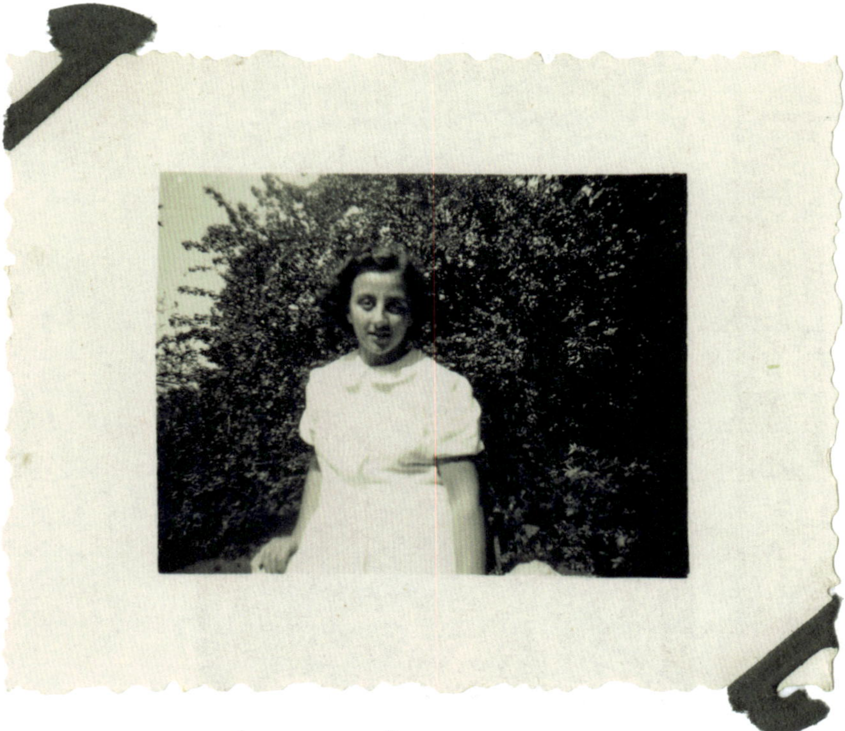

*Atmendes Archiv:* Familienbilder

A societal-fulfilling curse where antisemitic action and false belief turn it true. And not the only one I can think of. Another is the belief that we have internalized—born a Jew, always a Jew. A judgment that I sometimes wonder if it has led to a new kind of Jewishness: being culturally Jewish. That's me sometimes. Not religious or Zionist but harboring a feeling of some intangible nostalgia for my Jewish upbringing. A connection of having lived through droningly long Passover nights, sometimes the close cultural fabric of little communal mannerisms, a shared ambassadorship for a country and a religion, whether or not we agreed to it or with it. Or the collective history of suffering, tied together between ancient holidays, that celebrate "we survived!" as well as more recent events. To be clear to the German reader, I mean with this more than The Holocaust—there is a long line of history of pogroms and violence, such as when my great-grandfather was knifed in the streets of Basrah, Iraq for being categorized as a Jew.

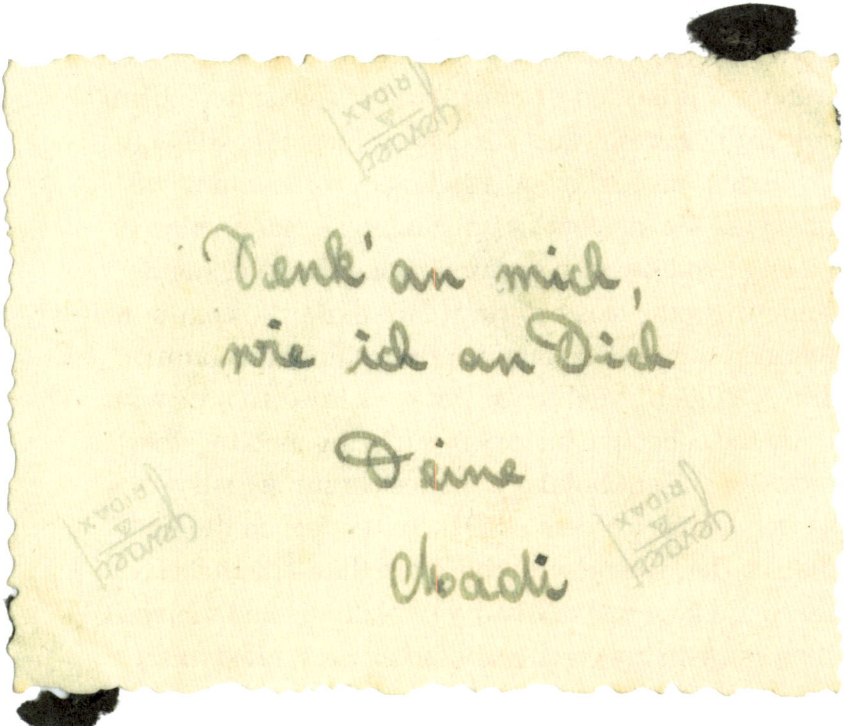


*Atmendes Archiv:* Familienbilder

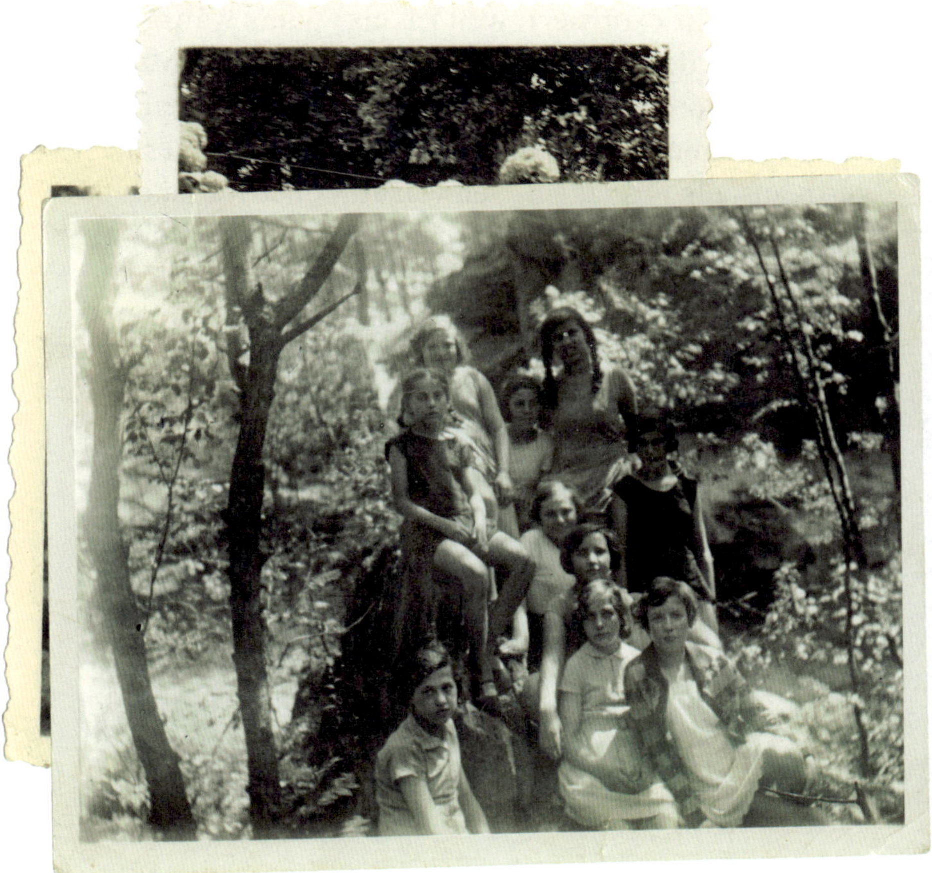

*Breathing archive:* family pictures

Wenn ich ehrlich bin, begann ich selbst, erst als ich nach Deutschland zog, mich wirklich jüdisch zu fühlen. Ich wurde so sehr exotisiert, weil ich als anders wahrgenommen wurde, dass Integration unmöglich schien. Meine Identität war eine Zeit lang ebenso diffus wie die Erwartungen an mich: Manchmal gab ich mich als Amerikanerin aus, als Französin, Schweizerin oder Italienerin, alles, was im Moment glaubwürdig und passend für mein konservatives Gegenüber schien, das nur meine bleiche Haut und die dunklen Haare wahrnahm.

With this murder and the consequential flight of my family to Israel, a rejection of the Arab side of my family's identity began. Their rejection and their embrace of a Zionist approach were so comprehensive that they did the then common and encouraged practice of changing their names to be less Arabic and more the "right" kind of Jewish, the "right" kind of Israeli, already then mixing two separate concepts.

Gelegentlich kam ich aus Israel, dann wurde ich als Jüdin eingeordnet, auch wenn das nicht dasselbe ist. Von all den Konstrukten, die sich in diesen Gesprächen gebildet hatten, schien mir das doch noch das Passendste, eine Israelin und eine Jüdin, dennoch blieb es eine mir zugewiesene Rolle und nicht meine eigene Wahl. Trotz der Exotisierung, die ich in Deutschland erlebt habe, schätze ich es auch, dass die Menschen hier das Bedürfnis haben, sich mit dem Judentum auseinanderzusetzen. Diese ethische Verpflichtung, die viele Deutsche verspüren, fehlt definitiv gegenüber sonstigen Gruppen – und das wiederum sollte nicht so sein. Wie würde es das Leben hier verändern, würde man sich auch mit anderen, gegenwärtig verfolgten Gruppen und ihrer Geschichte auseinandersetzen, sie im Bildungsprogramm vorkommen lassen und Museen für sie bauen?

Ich mache einen Schritt über einen gewaltsam ausgerissenen Stolperstein, zurück ins Jetzt und in die Straßen von Berlin, in denen ich vertraute Sprachen höre. Hierher hat es auch viele andere Menschen aus Israel und Palästina gezogen, und ich überlege, was wohl ihre Antworten auf die Frage wären, warum sie hierher – nach Deutschland – gezogen sind. Haben auch sie gelernt, jedes Mal etwas anderes zu antworten? Jede meiner Antworten auf diese Frage ist nur ein Bruchstück, herausgerissen aus einer Art sich dehnender Wahrheit, die sich mir in ihrer Komplexität entzieht. Aber jetzt bin ich hier, und meine Schicht beginnt.

Between you and me, I only really felt like a Jew when I moved to Germany. I was so exoticized in being seen as other that integration didn’t seem possible. For a while, my identity was as fluid as the expectations of the people in front of me. Sometimes I was American, French, Swiss, Italian, anything I felt like in the moment that was conventionally believable for the conservative audience that saw only my pallid skin and dark hair.

Danke
Danke
Danke

Occasionally I came from Israel and then I was categorized as a Jew. Never mind that they are not the same. Despite this profiling, of the various constructions of conversation that we had built, Israeli and a Jew were the ones that applied to me most, resulting in it becoming more of a role assigned to me, rather than a choice.

Even with the exoticization that I experienced in Germany, I see it as a privilege that people here feel the need for interaction with Judaism. The ethical obligation that many Germans feel towards it, is one that some do not feel towards additional groups, but should. What would Germany look like if there were the same number of museums and education programs on historically and presently persecuted groups, as there are about Jewish people?

With a swift return to the present, I hear familiar languages in the streets of Berlin, where others from Israel or Palestine have moved. Stepping over a violently dislodged Stolperstein, I wonder what they would answer if I asked them why they moved to Germany. Did they learn to answer differently every time too? Every reply of mine is a piece of an answer that together creates some sort of rambling truth, the whole of which eludes me. And now, I've arrived, and it is time for my shift to begin.

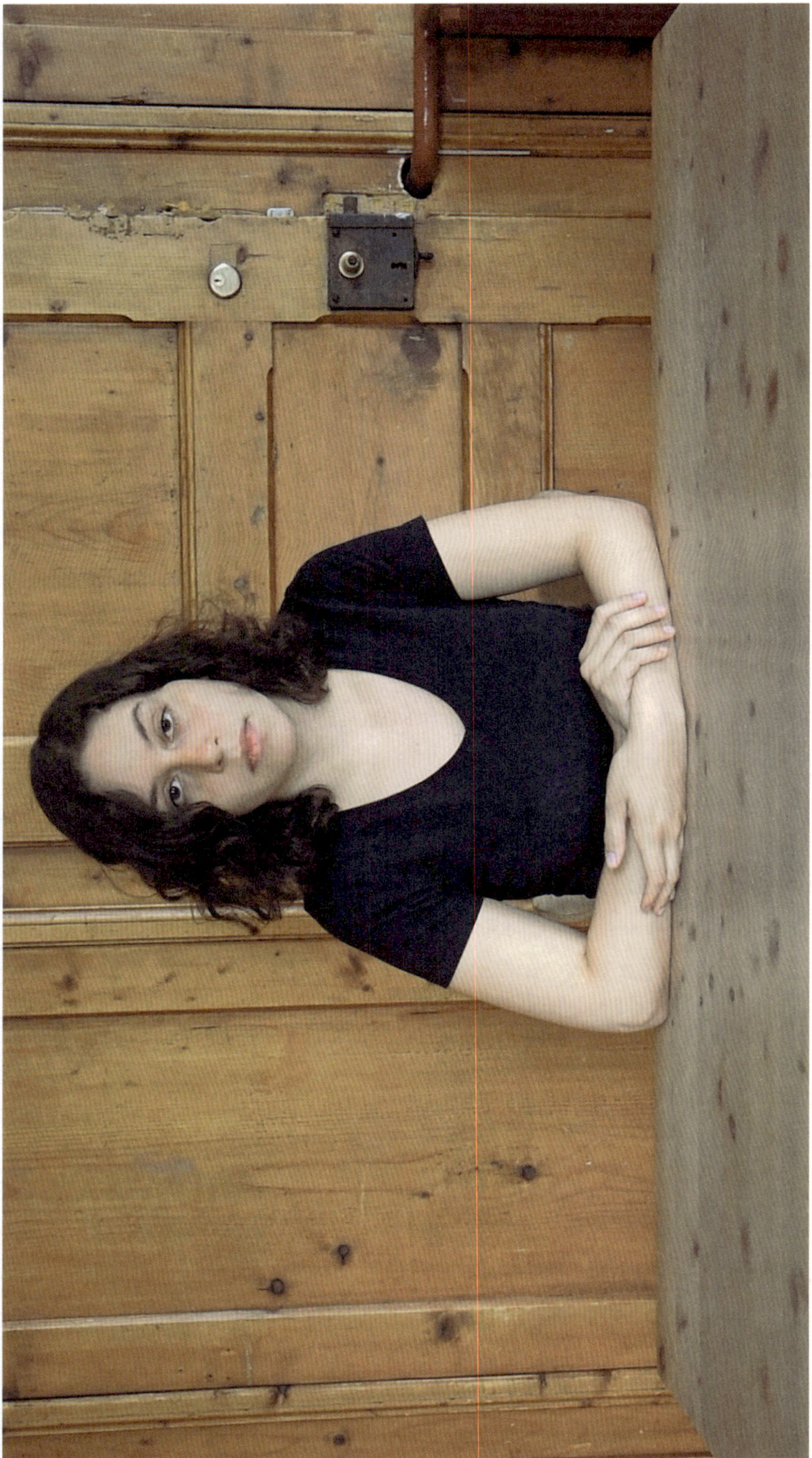

*44–45*

Danke

Danke

Danke

Früher habe ich die deutsche Sprache geliebt. Dasselbe Wort, passend in ganz unterschiedlichen Situationen. Nur der Tonfall ändert sich von Danke zu Danke, danke, fick dich. Ich gehe weiter zum nächsten Tisch und sehe mich dabei kurz im Spiegel. Hautenges Top, die Locken nach hinten gekämmt, meine Verkleidung sitzt. Ich habe meine sonst unbändigen Locken und meinen Schlabberlook gegen sie eingetauscht. Unmerklich hat mein erster Job in Deutschland angefangen mich zu verbiegen, dabei sollte er nur meinen Lebensunterhalt finanzieren. Ich nehme die nächste Bestellungen auf, der Wortwechsel ist fast identisch wie am letzten Tisch.

Im Strahl kotze ich immer wieder die gleichen Gespräche aus. Ich sehe die Gäste vor mir und imitiere sie in meiner Erinnerung. Ihren Tonfall und ihre Mimik, wenn sie mich immer und immer wieder fragen, woher ich komme und weshalb ich nach Deutschland gezogen bin. Die Kamera gegenüber zeichnet alles auf. Dieser Videodreh befreit mich, wie eine Sintflut, gibt mir Auftrieb. Und doch zieht mich diese Frage, schwer wie ein Stein, immer wieder runter. Es fehlen die Worte, um zu erklären, dass ich nicht diese eine Identität oder diesen einen Ort habe, von dem ich komme. Ich bin eine zusammengewürfelte Mischung aus dem Hier und dem Dort, aus dem Heute und dem Damals, ebenso wie meine Familie. Deren aufgezwungene Flucht und das Exil eigne ich mir nachträglich an, durch meine eigene Entscheidung zur Emigration.

I used to love German. The same word, perfect in every situation. The tone changes from *danke* to *danke*; thank you, fuck you. Moving to another table I catch a glimpse of myself in the mirror: curls slicked back, clothes toned tight, my disguise is in place. A full visual lie from my usual messy locks and loose clothing. Somehow the first job I took to support myself in Germany has come to define me. With a conversation almost identical as at the table before, I take orders.

In a relentless wave of regurgitation, I act those conversations out. In front of me are the customers and I mimic my memory of them. Their tone and expression as again and again I am asked where I come from and why I came to Germany. It is documented in the camera opposite me. The torrential release of creating this video gives me a lightness in my step that stays weighed by the question in my gut. The loss of words to explain that I don't have one identity or one place that I come from. I am a motley mix of where I live now and where I have lived before, same as my family. The exile and flight that people were once forced into, I now reappropriate by choosing my emigration. Wandering is what I chose and choose to do with the path behind and in front of me.

Das Wandern ist auch meine Lust, und den Weg hinter und vor mir habe ich selbst gewählt.

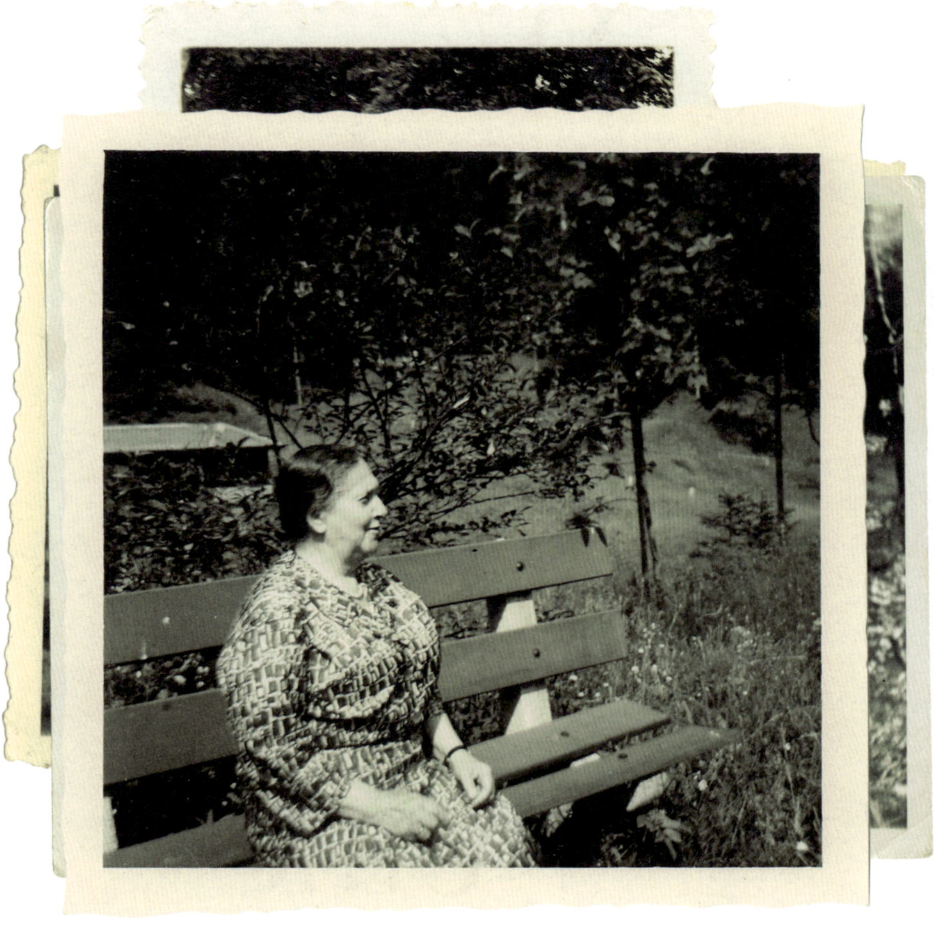

*Breathing archive:* family pictures

Wo bei dir Heimatland ist, ist bei mir eine Leerstelle

Where you have a home land, I have a void

Mit zwölf hörte ich auf, Jüdin zu sein, in dem Moment, als mir meine Großmutter befahl, meine neuen silberglänzenden Schuhe für die Synagoge auszuziehen. Der Grund? Meine Unterwäsche könnte sich darin spiegeln und Männer in Versuchung führen. Das war der Tropfen, der das Fass zum Überlaufen brachte – eine abgewandelte Metapher, die meine Mutter bis heute für diesen Moment in ihrem Leben verwendet, bei dem es ironischerweise auch um Schuhe ging. Man verbot ihr im Internat ihre geliebten Holzschuhe, weil das Klackern die Aufmerksamkeit eines Mannes hätte erregen können.

Identität ist nicht so fließend, wie manche – mich eingeschlossen – sie gerne hätten. Wir können weder ändern, wo wir geboren wurden, noch welche Erfahrungen wir machen oder wie unsere Erziehung uns prägt. Oder, wie andere uns wahrnehmen. In Israel war ich eine Person wie jede andere. In Deutschland hingegen werde ich als Jüdin und Israelin wahrgenommen und mehr als je zuvor fühle ich mich jetzt auch als eine.

*Mavet la'Aravim*. Wie ein mächtiger Gongschlag hallt diese Parole nicht nur durch die Straßen, sondern auch in meinem Kopf nach und verschwindet nie vollkommen, und am lautesten, wenn ich mit meiner Identität als

I stopped being a Jew at twelve when my grandmother told me to change out of my shiny, silvery new shoes for synagogue. The reason? I had to change out of my shiny shoes because they could reflect my underwear, tempting men. It was the straw that broke the camel's back. That is the metaphor my mother uses to describe her own moment, which, funnily enough, was also with shoes. Her favorite wooden clogs were banned at a boarding college because the clickety-clack could have attracted a man's attention.

Identity is not as fluid as some, including me, may want to believe. We cannot change where we were born, the experiences we have had, and to a certain extent, the obliviousness from the way we grew up or the way people see us. In Israel, I was seen as another person like the rest. In Germany, I am seen as a Jew, as an Israeli, and, more often than not, I feel like one too.

*Mavet La'Aravim*. Like a gong in my head, that sentence is never far, and loudest when I am confronted by my identity as an Israeli-Jew. *Mavet La'Aravim*, death to Arabs. How could this ever be shouted in the streets? You may like to think that this is only the extreme right-wing that says this, but once in a while, the constant brink of civil war Israel is on teeters and when it does, it is not only the extreme right-wing spewing this. Whether left or right, in Israel all are influenced by the political decision to define Israel as a Jewish nation and state.

israelische Jüdin konfrontiert werde. *Mavet la'Aravim*, Tod den Araber*innen. Wie kann so etwas überhaupt in der Öffentlichkeit gerufen werden? Man könnte denken, dass so etwas nur von der extremen Rechten kommt, aber hin und wieder, wenn die Linie kurzzeitig überschritten wird, die Israel bis jetzt vor dem Bürgerkrieg bewahrt hat, spucken noch ganz andere solche Töne. Aber ob links oder rechts, das politische Denken ist in Israel entscheidend davon geprägt, die Nation und den Staat als einen jüdischen zu begreifen.

Mein Onkel wurde als linksextremer Aktivist abgetan, weil er dafür einstand, dass alle Menschen, die das heutige Israel bewohnen, die gleichen Menschenrechte haben sollten und weil er dafür kämpfte. Wann immer ich den Gongschlag höre, frage ich mich: Onkel, was hättest du getan?

Vor mir auf dem Bildschirm schluchzt meine Schwester. Nie habe ich einen Bildschirm oder irgendeinen anderen leblosen Gegenstand mehr gehasst. Egal wie die Nachrichten es drehen und wenden, wir wissen beide, dass sie in Israel permanent am Rande eines Bürgerkriegs lebt. Mit welchen Worten kann ich sie trösten? Hier finde ich mich, eine aufstrebende Schriftstellerin, ohne Worte gegen Krieg, Gewalt und Hass. Sie sollte diese Gewalt und diesen Hass nicht durchleben müssen, niemand sollte das.

Komm her, sage ich, lass alles liegen. Könnte ich sie durch den Bildschirm her zu mir in Sicherheit ziehen, würde ich es tun, auch gegen ihren Willen. Und gleichzeitig bin ich so stolz auf sie. Sie macht weiter, hilft, wo sie gebraucht wird, unterstützt und demonstriert.

My uncle was labeled as an extreme left activist because he believed all people living in Israel should have the same human rights, and he fought for it too. Whenever that gong sounds, I ask myself: uncle, what would you have done?

My sister is sobbing on the screen before me. Never have I hated a screen or inanimate object more. Regardless of what is labeled in the Israeli news, we both know she is experiencing the brink of a civil war. What words of comfort can I give? Here I am, an aspiring writer, but I have no words against war, violence, and hate. She should not have to go through this hate and violence. No one should.

Come here, leave everything, I say. If I could pull her through the screen to safety I would, even against her wishes. And yet, I am so proud of her. She keeps on volunteering, supporting, and protesting.

I think I know what you would have done, uncle: you would be protesting next to her, protesting in Hebron, in Jerusalem, everywhere you could, matching shout with shout, fist with fist, for better or for worse. Meeting violence with violence as a reaction to the brutality of the structure you were in is how

Onkel, ich glaube, ich weiß, was du getan hättest: Du würdest neben ihr demonstrieren, in Hebron, in Jerusalem, überall, wo du könntest, auf die Straße, Ruf gegen Ruf, Fäuste hoch; komme, was wolle. Gewalt mit Gewalt zu vergelten war eine Reaktion auf die brutalen Strukturen, in denen du gefangen warst, so kann ich dein Handeln verstehen, aber nicht entschuldigen. Du hast so viel für den Kampf gegen das Unrecht gegeben. Fast dein ganzes Geld und dein Leben.

Du hast dich für das entschieden, was in deinen Augen das Richtige war, und wurdest in deiner engeren, meiner ferneren rechten Verwandtschaft zum Verstoßenen. Eine Person lieben und ausstoßen ist kein Widerspruch, das habe ich durch sie gelernt. Du warst bereit, für dein Gewissen einen hohen Preis zu bezahlen, konntest nie in Ruhe leben. Ständig wurdest du von hinterhältigen Spitzeln, von der Polizei und mit Gerichtsverfahren behelligt.

Ich will so nicht leben. Ich hasse das an mir – die Vorstellung und das Wissen, dass ich alle notwendigen Werkzeuge besitze, wie er ein besserer Mensch zu sein, es aber trotzdem nicht bin. Eine selbstsüchtige Schuld kriecht in meinen Mund: Wie eine riesige Spinne sitzt sie in meiner Kehle, aber ich schlucke sie nicht herunter. Sie verdient es, dort zu sein.

I can understand your actions, although that doesn't excuse them. You gave so much protesting injustice. Almost all of your money and your life. Building, connecting, and helping.

Choosing to do what's right and becoming a pariah in his close but my far away right-wing family. Loving and outcasting someone is not a contradiction, that is the wrenching reality of what they taught me. The cost of having a conscience was one description about him. And it is true, there was a heavy cost for him. His days were constantly disrupted by malevolent spies, police, and courts.

I do not want to live that way. I hate that about myself, the example and knowledge that I have all the tools to be a better person, as he was, and yet I am not. Selfish guilt crawls into my mouth: like a giant spider, it sits in my throat, but I don't swallow it. It deserves to be there.

Jede Tragödie bannt mich vor mein Handy. Kinder, die sich nach dem Mord an ihren Eltern selbst umbringen. Polizei, die mit laut stampfenden Stiefeln in Häuser einbricht und zuschlägt. Weit weg von all dem, zu Hause, suche ich nach Erleichterung. Ich zupfe meine Augenbrauen in die perfekte Form, aber es reicht nicht, mein Pfirsichflaum, Nasenhaare, Achselhaare, all meine Scham, ein Härchen nach dem andern. Bei einigen blutet es, kleine rote Tropfen, Erleichterung stellt sich trotzdem nicht ein.

Mein Onkel ist an einem heimtückischen, alles verzehrenden bösartigen Hirntumor gestorben. Für die Rechtsradikalen war das ein Grund zum Feiern. Sie sagten, er habe es verdient, weil er links war, homosexuell, pervers. Mit allem rechtfertigten sie ihre Überzeugung. Ein unausgegorenes Durcheinander aus politischen und religiösen Standpunkten.

Dieselbe Verwandtschaft, die sich vor Jahren aufgrund seiner politischen Beteiligung von ihm abgewandt hatte, streitet sich jetzt um seine Wohnung. Eine wertvolle Immobilie in Jerusalem, die alle gerne für die eigenen Kinder sichern wollen. Ich hätte da eine eigene Vorstellung: Macht die Wohnung zu einem Zentrum, einem Zufluchtsort im Herzen von Jerusalem, für seine Freund*innen und all die Menschen, denen er helfen wollte. Macht das aus Respekt vor und aus Liebe zu ihm. Auch wenn ihr seine politischen Ansichten nicht teilt.

From tragedy to tragedy, I jump on my phone. Children committing suicide after the murder of their parents. Police with their shoes stomping loud, entering and beating family members in their homes. Away from that, in my own home, I search for relief. I pluck my eyebrows into perfect shapes, but it is not enough; peach fuzz, nose hair, armpit hair, all my shame one by one. Some spots bleed little red drops but relief is elusive.

My uncle dies from a vicious, consuming, malicious brain cancer. Extreme right-wing activists celebrated that. They said he deserved it for being leftist, homosexual, perverted, any excuse they could find to justify their beliefs of being right. A belching of words that were a mess of political and religious beliefs.

Wenn ich eine Kämpferin wäre, würde ich mich darum kümmern. Meine Augen rollen langsam auf meinen Stift zu, während ich mich frage, ob ich eine bin, aber der Stift bleibt ein Stift, und weit und breit kein Schwert in Sicht, also wende ich den Blick ab. Die Wohnung wird verkauft und das Geld immer und immer wieder aufgeteilt, bis sich die Illusion von deren Wert zerstreut.

Jedes meiner Worte tönt bedeutungslos. Keine Handlung reicht aus. Sobald ich nach meinem Heimatland gefragt werde, strömt ein nebulöser Monolog aus meinem Mund, so verwoben und undurchsichtig, dass es eine Schere bräuchte, um ein Stück herauszuschneiden, sodass Raum zum Atmen bleibt. Ich kann über Israel genauso leicht sprechen, wie ich es verändern kann. Überhaupt nicht.

That same extended family that had pushed him to the periphery for his actions is now fighting over his apartment, precious real estate in Jerusalem, each wanting it for their children. I have my own opinion: turn it into a center, a refuge in the heart of Jerusalem for his friends and the people he would have wanted to support. Do it out of the respect and love you had for him. No matter that it is not your politics. If I were a fighter, I would do something. My eyes slowly roll towards my pen as I wonder if I am truly the fighter I want to be, but the pen is still merely a pen and with no sword in sight, I turn away. The apartment is sold and money is split again and again until the illusion of its value dispels.

Every word I write rings empty. Every action is not enough. Ask me about my homeland and a monologue of an unclear haze comes from my mouth, so thick you have to use a pair of scissors to cut and clear a space to breathe through. I can talk about Israel as easily as I can change it, which is not easily at all.

That is why I have that void as an artist, an empty space where Israeli art should be. The country I see as an adult is not the country I was taught about in my Zionist American childhood. Israel in my past and Israel in my present are two separate entities that I cannot reconcile.

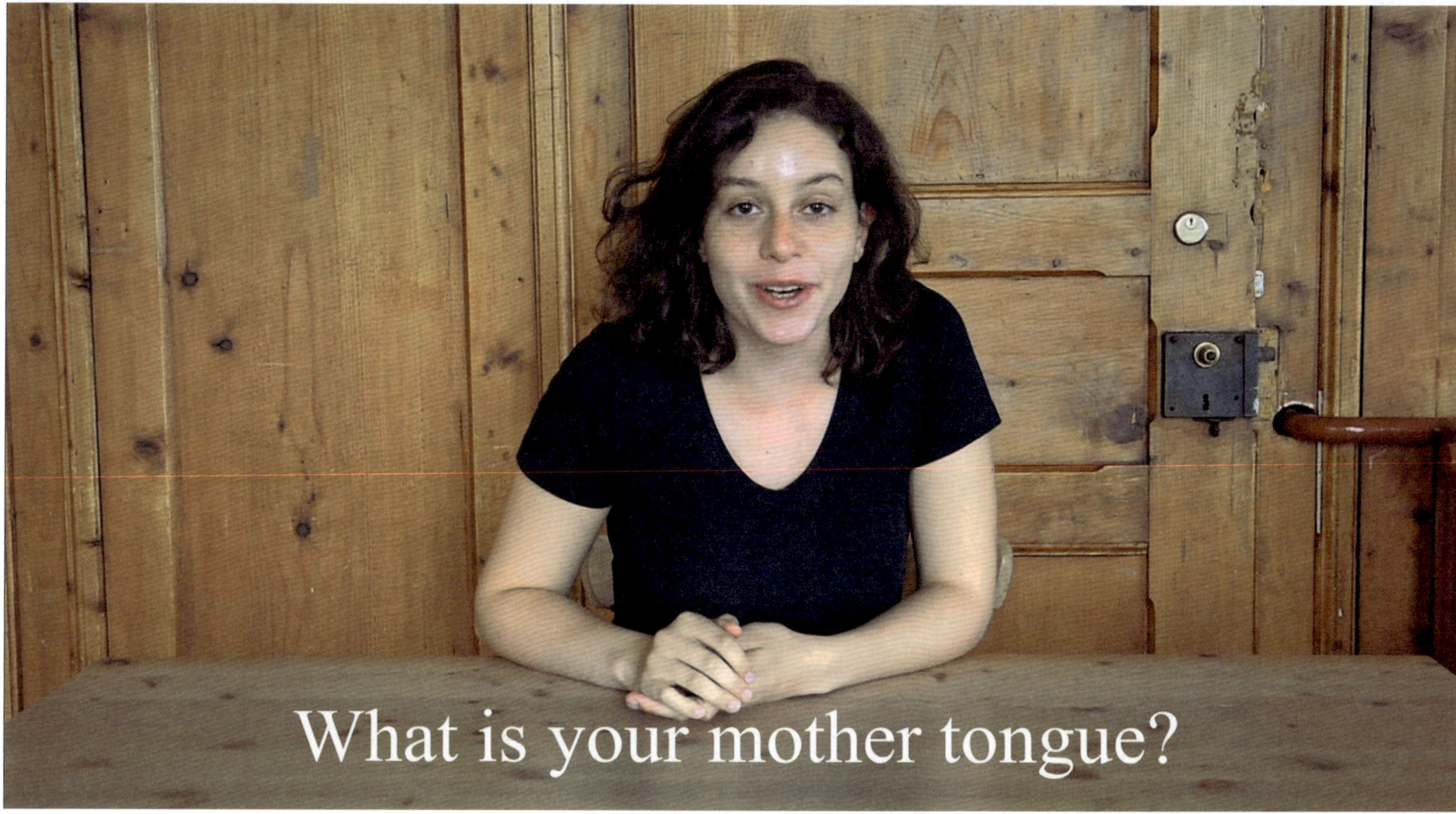


*Was ist Ihre Muttersprache?*

I'll think about it tomorrow. A sentence that is a coping mechanism to ignore the now and today. What that "it" is transforms, shifting with every echo and passage of those words. I'll think about it tomorrow are words to live a passing life by. Slowly I lift my head from them, until more and more frequently I wake up with years flashing by. What was the "it" for today? Memory rekindles with a resolve not to forget it; my pen is still a pen, and I can start wielding it today.

Deshalb habe ich als Künstlerin diese Leere in mir, eine Leerstelle, wo eigentlich israelische Kunst sein sollte. Das Land, das ich mit Erwachsenenaugen sehe, ist nicht das Land, über das ich in meiner zionistisch-amerikanischen Kindheit unterrichtet wurde. Das Israel meiner Vergangenheit und das Israel meiner Gegenwart sind zwei getrennte Wesen, die ich nicht vereinen kann.

Ich werde morgen weiter darüber nachdenken. Der Satz, eine Bewältigungsstrategie, um sicher das Jetzt und Heute auszublenden. Was genau das „darüber" ist, transformiert und wandelt sich, mit jeder Wiederholung. Ich werde morgen darüber nachdenken – das sind Worte, die dein Leben vorbeiziehen lassen. Es zieht vorbei wie meine Gedanken, wenn ich meinen Kopf hebe. Immer häufiger wache ich auf, bis Jahre an mir vorbeigestrichen sind. Worüber wollte ich heute nachdenken? Erinnerungen beginnen sich zu regen und damit der Vorsatz, ab heute nicht mehr zu vergessen. Mein Stift ist immer noch ein Stift, aber ab heute beginne ich damit zu fechten.

*Waking up*
Aufwachen
*is the*
ist das
*hardest part of*
Schmerzhafteste
*dreaming*
am Träumen

Schreckensgestalten mit blubbernder, tropfender Haut. Ihr Ausdruck ist eingefroren und ihre Schritte erstarrt. Gesichter voll eiserner Traurigkeit. Ihre Körper sind radikal schwerfällig, keine Bewegung mehr möglich. Und trotz der Ungeheuerlichkeit ist jede Skulptur erkennbar menschlich, wie dein Vater, mein Vater oder vielleicht ich selbst.

Inspiriert durch die gemeinsame Liebe zu Alberto Giacomettis Skulpturen machte ich, als ich mein Studium abbrach, meinem damaligen Mentor ein Geschenk. Es war eine Textseite, eine von denen, die sofort perfekt herauskommen, als sei sie selbst eine einzigartige und unnachahmliche Giacometti-Skulptur. Eigentlich war es eine Schweizer Banknote, bedruckt mit dem Bild einer seiner Skulpturen, auf die ich schrieb. Er schrieb mir, das sei das beste Geschenk gewesen, das er je von einer Studierenden bekommen habe. Zumindest erinnere ich mich so an seine Mail, und ich werde sie bestimmt nicht noch einmal durchlesen.

Horrors with skin bubbling, dripping, walking in a frozen expression of their own. Faces with a blank sadness, an extreme heaviness of the body where movement is an impossibility. Despite the monstrousness, each sculpture is recognizably human–it could be your father, my father, or perhaps myself.

Inspired by a mutual love of Alberto Giacometti's sculptures, I had made my then-mentor a gift when I abandoned my studies. It was a finished page of writing, one of those that came out perfectly shaped all at once, along with his own unique, inimitable Giacometti sculpture. In truth, it was a Swiss banknote with an image of his sculpture printed on it. He wrote to me that it was the best gift a student had ever given to him. At least that's how I remember the email and I am not going to reread it.

Nennen wir diesen Mentor Alberto, nach Alberto Giacometti. Ich hatte damals zwei Mentoren. Nennen wir den anderen Diego, nach einem Bruder von Giacometti, denn in meinen Augen war auch er wie ein Bruder für den Mentor. Ich nahm von meinen Mentoren, von meinen Freund*innen und von meinem Studium leise Abschied und hielt keinen Kontakt. So hatte ich es gelernt. Ich bewahrte mir den naiven kleinen Traum, dass ich eines Tages umweht von einer Aura des Erfolgs, was auch immer das sein mag, zurückkommen werde. Der Traum verflüchtigte sich, als Diego plötzlich verstarb, wie jeder Traum – beim Aufwachen. Erfolg mag für mich ein vieldeutiger Begriff gewesen sein, Diego aber hatte eine klare Vorstellung, von der er oft scherzend erzählte. Er hatte in New York City studiert, mit dem MoMA als Olymp. Es war unvermeidlich, dass ich an ihn denken würde, als ich schließlich selbst im MoMA auf dem Klo saß.

Let's call that mentor Alberto, after Alberto Giacometti. I had two mentors back then. Let's call the other one Diego, a brother of Alberto Giacometti, and to my eyes, a brother to that mentor too. I left my mentors, friends, and studies the way I learned one says goodbye. Quietly and without keeping in contact. I had a naive little daydream that I would come back someday with the ambiguous definition of success pinned on me. That evaporated as fast as any real dream when I awoke to Diego's sudden death.

Success may have been ambiguous to me, but Diego had a recurring definition phrased as a joke. He had studied in New York City and the MoMA was the pinnacle of achievement. It was inevitable that I would think of him when I was there, sitting in the MoMA's bathroom.

Trotz meiner Bedenken erfüllte ich ihm schließlich seinen Traum: Ich klebte eine seiner Fotografien an die Toilettentür. Ein billiger Abzug, befestigt mit Plastikklebeband, aber nun hing er da, so wie Diego selbst immer gescherzt hatte: Sollte er keine Einladung für eine Ausstellung dort erhalten, würde er seine eigene Guerilla-Ausstellung auf der Toilette veranstalten, wenn auch nur um sagen zu können, dass er im MoMA ausgestellt hatte. Möglicherweise würde der Geruch meiner Scheiße andere eine Weile davon abhalten, hereinzukommen und die Ausstellung abzubauen.

Dieser Erfolg war genauso surreal wie mein eigener: Irgendwie war ich in ein Verlagsprojekt hineingerutscht, das auf der New York Art Book Fair vorgestellt wurde. Ein Buch über die jüdische Künstlerin Barbara Rubin, die sich in ihrem Leben von einem Extrem ins andere gestürzt hatte. Ein Buch voller gesammelter und zeitlich geordneter Briefe von ihr an Jonas Mekas zeigt sie als Figur des Übergangs, als eine Gestaltenwandlerin.

Hesitation galore, I still fulfilled that dream of his at least. I stuck a photo he had made on a bathroom stall door. A cheap print and plastic tape, but there it was. Like he had always said, if they didn't invite him to exhibit at the MoMA, he would have his own guerilla exhibition in the bathroom to say that he had exhibited there. Perhaps the perfume of my shit would deter others from coming in, an exhibition that would last the duration of a stink before someone came and took it down.

This was as true a success as my own. Somehow, I had slithered into participating in a publishing project that was being presented at the New York Art Book Fair. A book on a Jewish female artist, Barbara Rubin, who had jumped from extreme to extreme in her life. Full of a timeline of letters she had written to Jonas Mekas, it shows her to be as transitional a figure as any metamorph.

Ich frage sie, ob sie das wirklich so gewollt hat: Mit einem Buch über sie wird sie gewissermaßen unsterblich. Ihre Worte bleiben veröffentlicht, obwohl sie tot ist, ihre Stimme berührt uns, obwohl sie verstummt ist. Ist das wirklich etwas Erstrebenswertes? Weil es im Judentum nicht ausdrücklich ein Leben nach dem Tod gibt, erwarte ich darauf auf absehbare Zeit keine Antwort. Stattdessen verschluckt mein damaliges Ich diese Überlegung und beginnt zu verdauen, dass die Aussicht auf Veröffentlichung ein Antrieb sein kann.

Jahre später verschwimmen die Worte vor meinen Augen. Einen Moment lang erstarre ich selbst zu einer Statue mit einer Zeitschrift in der Hand. Total verwirrt versuche, ich sie wegzulegen, schaffe es aber nicht. Für jeden anderen ist das nur ein weiterer Artikel über die #metoo-Bewegung. Für mich aber betraf es zum ersten Mal jemanden, den ich kannte: Alberto, mit dem ich die Liebe zu Giacometti teile.

Nacktfotos von Studierenden? Belästigungen? Das konnte nicht sein. Meine erste Reaktion war Verleugnung. Er war mein Mentor gewesen, ich bewunderte ihn.

I ask her if this is what she wanted; with a published book about her, she is, in a way, immortalized. Words that will stay published even though she is dead, a voice that can touch even after passing. Surely that is something to aspire to? With no explicit afterlife in Judaism, I don't expect an answer from her anytime soon. The past me swallows the food for thought to let the idea of the published-written-word-as-an-aspiration digest.

Years later, words blur. A sculpturally frozen moment, magazine in hand. My stomach drops with dread and I struggle to place it back but cannot quite yet bring myself to do so. For a random stranger, it was just another one of those #metoo articles. For me, it was someone I knew: Alberto, the mentor with whom I had shared a love of Giacometti.

Nude photos of students? Harassment? That couldn't be true. My knee-jerk reaction was denial.

Erst später begann ich mich zu fragen, ob an diesen Worten etwas Wahres dran war, und demontierte mein Luftschloss von früher. Dabei veränderte sich auch meine Selbstwahrnehmung und das Vertrauen in meine eigene Urteilskraft: Auch ich hatte mich für einen zögerlichen Sekundenbruchteil so sehr an den Zweifel geklammert, obwohl doch niemand als die Betroffenen die Wahrheit kennt.

Auf diesem unsicheren Boden bewege ich mich vorwärts und verändere mich entlang einer unsichtbaren Linie, deren Ende ich nicht sehe. Ein falscher Schritt, und ich werde ausrutschen und hinfallen. Meine Beine zieht es auf unnatürliche Weise in die Länge, meine Haut verformt sich pockenartig. Schotter formt meinen Körper, gegossen in Bronze. Mein Fuß verliert jeden Halt. Ich werde zu einer Gestalt in der Ferne, weit weg und selbst aus der Nähe ausdruckslos. Ein Ausfallschritt erzeugt ein leichtes, ersticktes Geräusch der ekligen Sorte, etwas Weiches klebt an meiner Sohle. Wie immer, wenn man in Scheiße tritt.

He had been my mentor and I admired him. My second reaction came later, wondering if some version of those words were true and releasing a fading and already departed daydream. And perhaps more meaningfully, a change of self-perception occurred, that for a short, faltering step of a moment, I too clutched hard at a knee-jerk disbelief, that he couldn't have done so, when the ones who know the truth are the ones who were there.

I walk on treacherous ground, changing on an imperceptible line whose end I do not see. One wrong step and I will slip and fall. My legs lengthen impossibly, my skin pockmarking into a gravel surface made of a familiar bronze casting. My foot slides uncontrollably. I become a figure in the distance, blank even when up close. Stepping away makes a light squelching sound of the disgusting sort, the subtle softness on the sole when you have stepped into shit.

Jetzt bin ich in der Gegenwart, weit weg und doch nah genug an Braunschweig, wo ich auf dem Weg zum Supermarkt einem weiteren Hundehaufen ausweiche. Wo überall und bis heute über einen Braunschweiger Witz gelacht wird: Du kriegst das Braun nicht aus Braunschweig heraus. Für alle, die das wie ich damals nicht verstanden haben: Das Braun verweist auf die Uniformen der Nazis. Das war nie lustig, und ich hoffe, dass das am Ende auch die Person eingesehen hat, die mir den Zusammenhang erklären musste.

Eines Tages würde ich Diego – oder Micha Kirshner, wie er richtig heißt – wirklich gerne außerhalb von Israel ausgestellt sehen, an einem Ort, so einflussreich wie das MoMA. In der Tradition des engagierten Journalismus bezog er mit seinen Fotos Stellung für die Palästinenser*innen. Insoweit das mit Kunst möglich ist, waren seine Fotografien ein Akt des Widerstands. Einmal wurde er im Unterricht persönlich und verriet mir ein Geheimnis: Die Bilder kamen nicht nur in Israel einer leisen Revolution gleich, sondern auch in seinem engsten privaten Umfeld. Sie waren für ihn ein Akt der Selbstoffenbarung.

Das hat er mir als Mentor weitergegeben, den Wunsch, der auch ihm eigen war: mutig genug zu sein, um kritisch zu denken und zu kritisieren. Auch wenn das bedeutet, dass wir unseren kritischen Blick auf das Umfeld, in dem wir aufgewachsen sind, schärfen müssen. Was würde er, in diesem Kontext, wohl zu den Enthüllungen über seinen besten Freund, seinen Bruder, sagen?

That's me in the present, both far away and close, in Braunschweig, as I dodge another dog turd on my way to the supermarket, where the background satire to it all is a Braunschweiger joke. You can't take the brown out of the *schweig*. For those who, like me, didn't get the joke, the brown is a reference to Nazi uniforms. It was never funny, and I hope the person who explained that to me saw that in the end.

Someday, I want to see Diego, or his true name Micha Kirshner, exhibited outside of Israel in a place with a reach like the MoMA. Regardless of any institutional criticism I may have, its influence is undeniable.

In the tradition of activist photography, his photos took a stand for Palestinians. In the way art tends to be, they were an act of resistance. In a private moment in class, he told me a secret. Or at least this is how I remember it since I can no longer relive it–the truth of the occasion is gone. The photos were not only a quiet revolution in Israel, but in his private sphere as well–both for some of the people closest around him and as an act of revelation for himself.

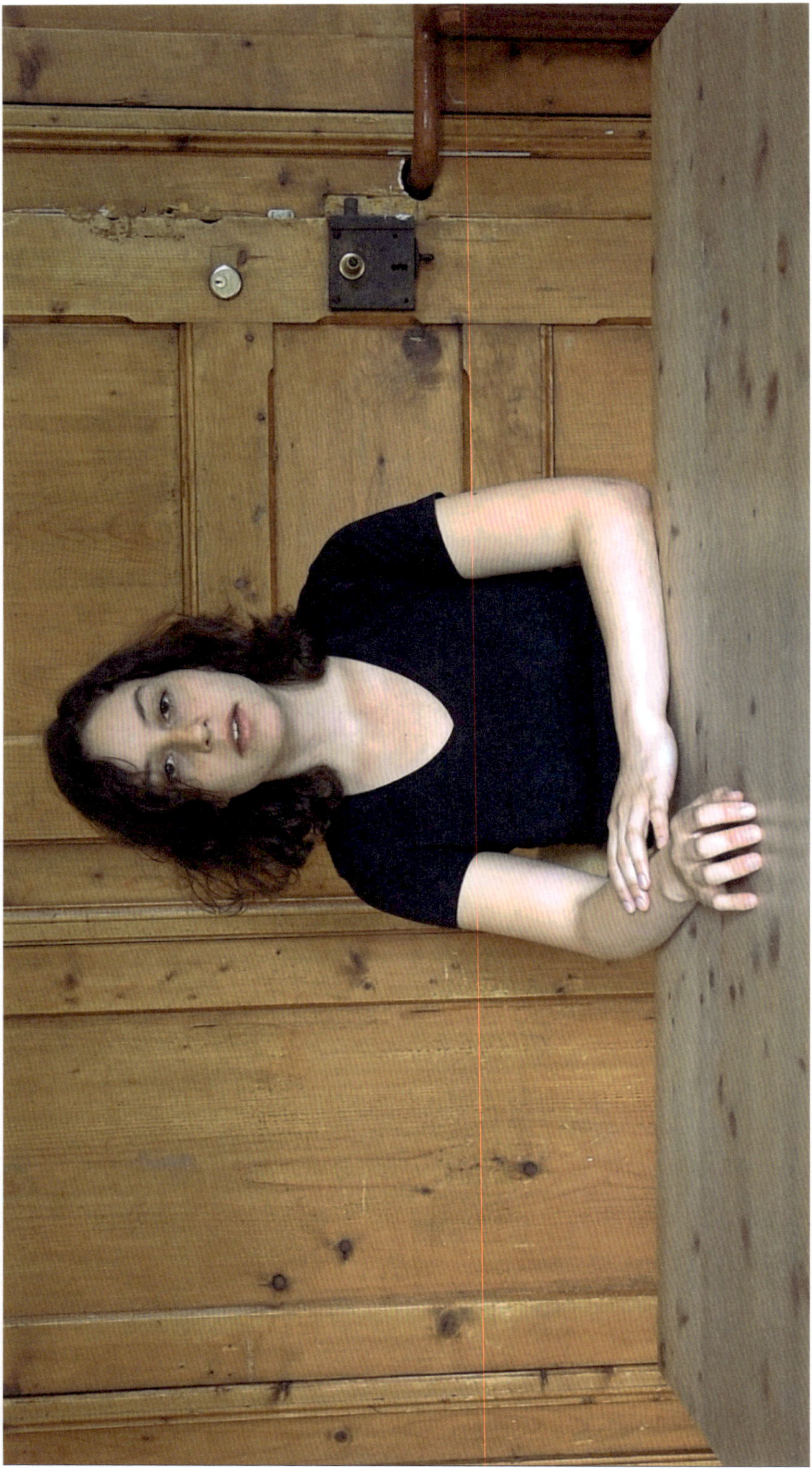

That is the trace of mentorship that has stayed with me. A wish for myself and a goal that he had set for himself: to be brave enough to face disbelief even when looking at the environment we grew up in. I wish I could ask him about Alberto, although I doubt that my understanding would change. The truth is fractured and so is my trust between student and mentor.

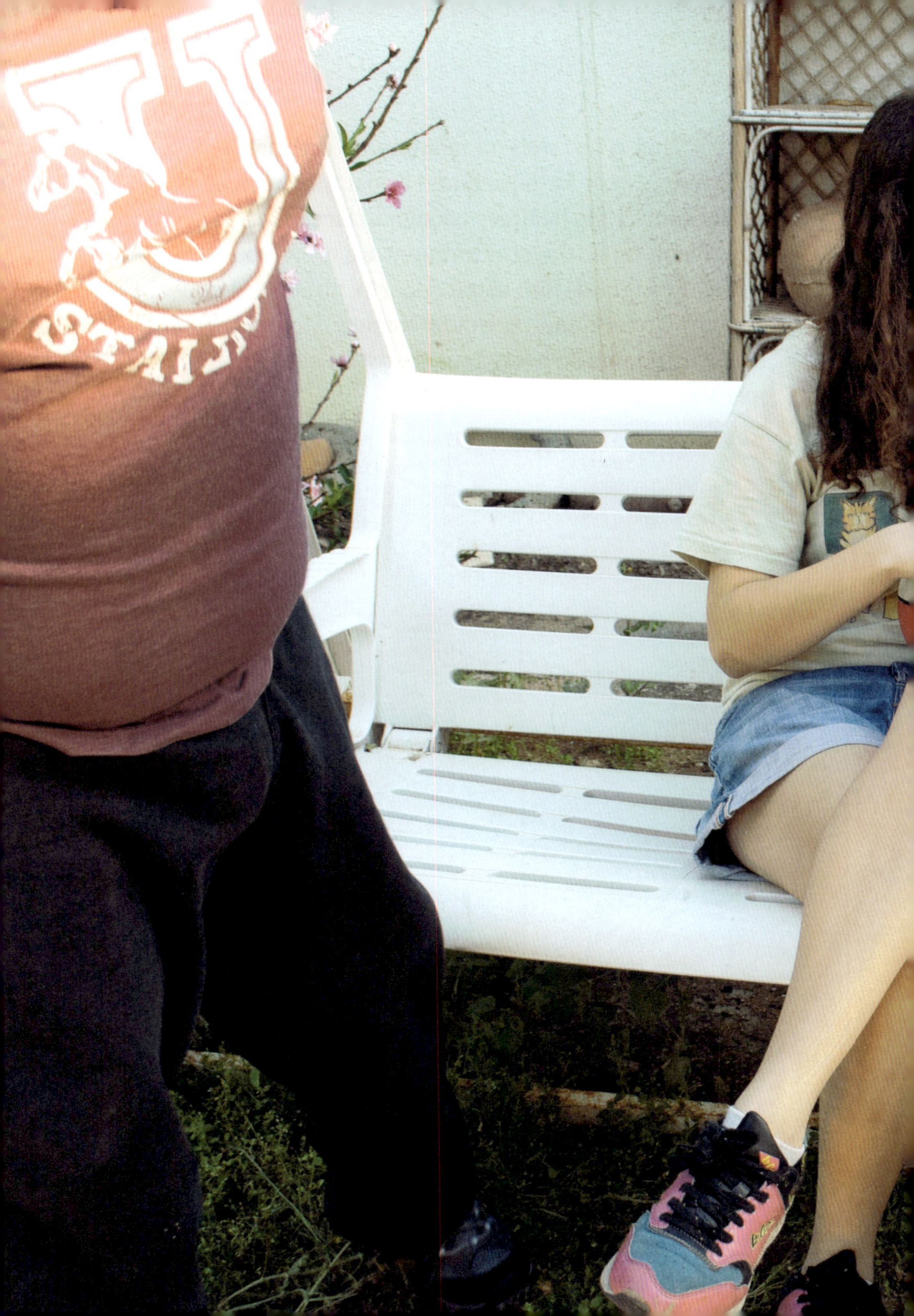

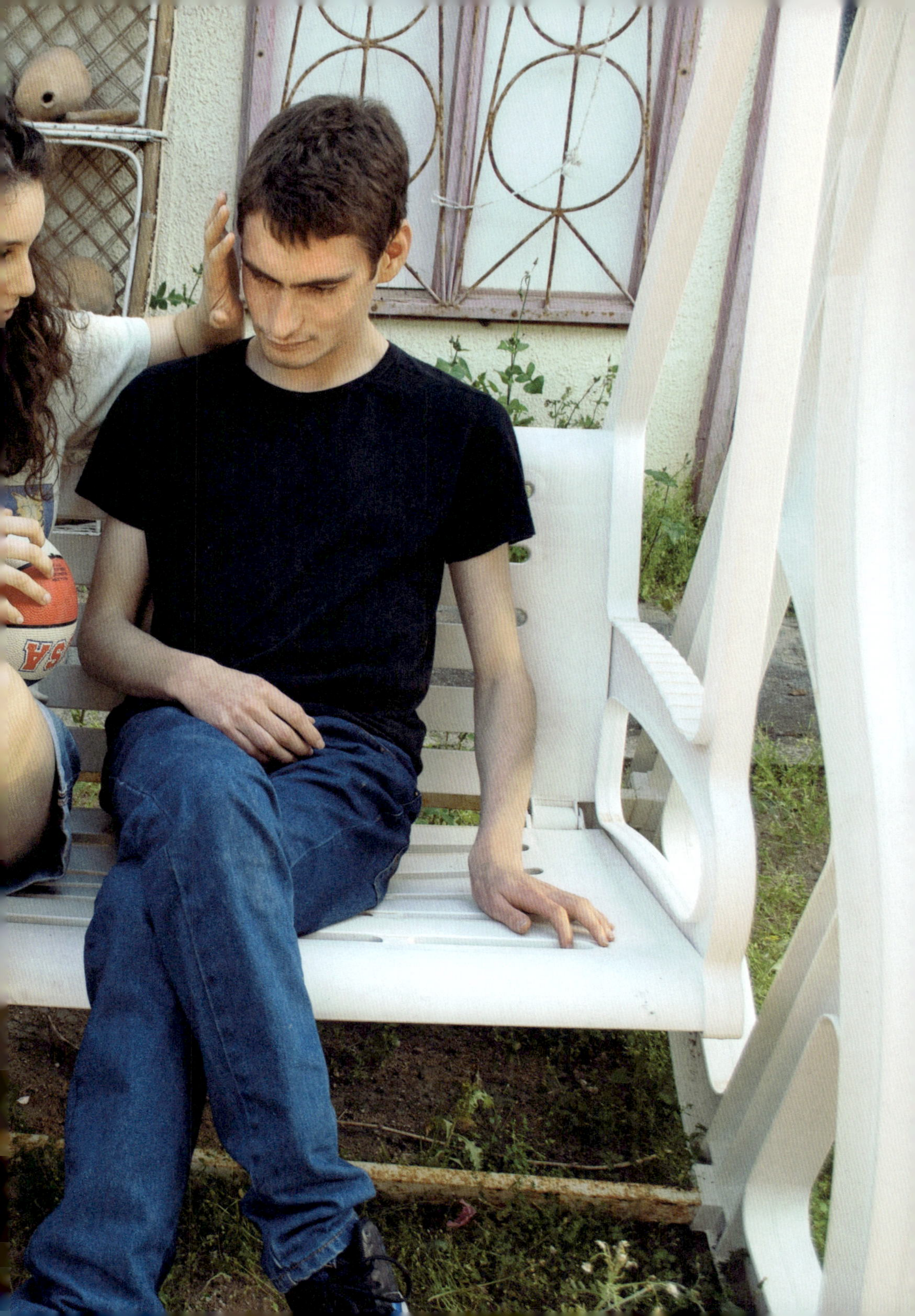

# *On*
# Darüber
# *becoming*
# mehr
# *more*
# zu werden

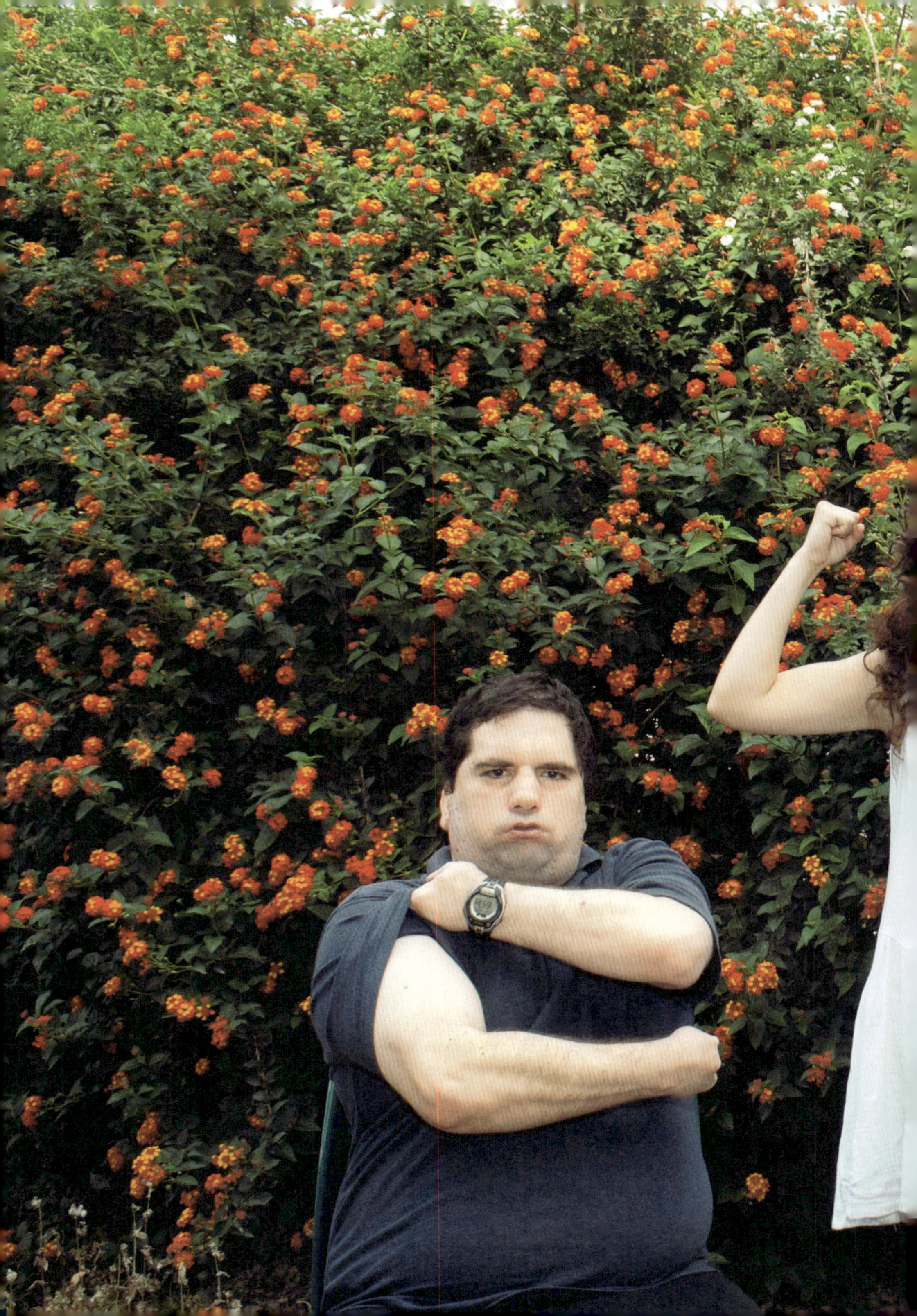

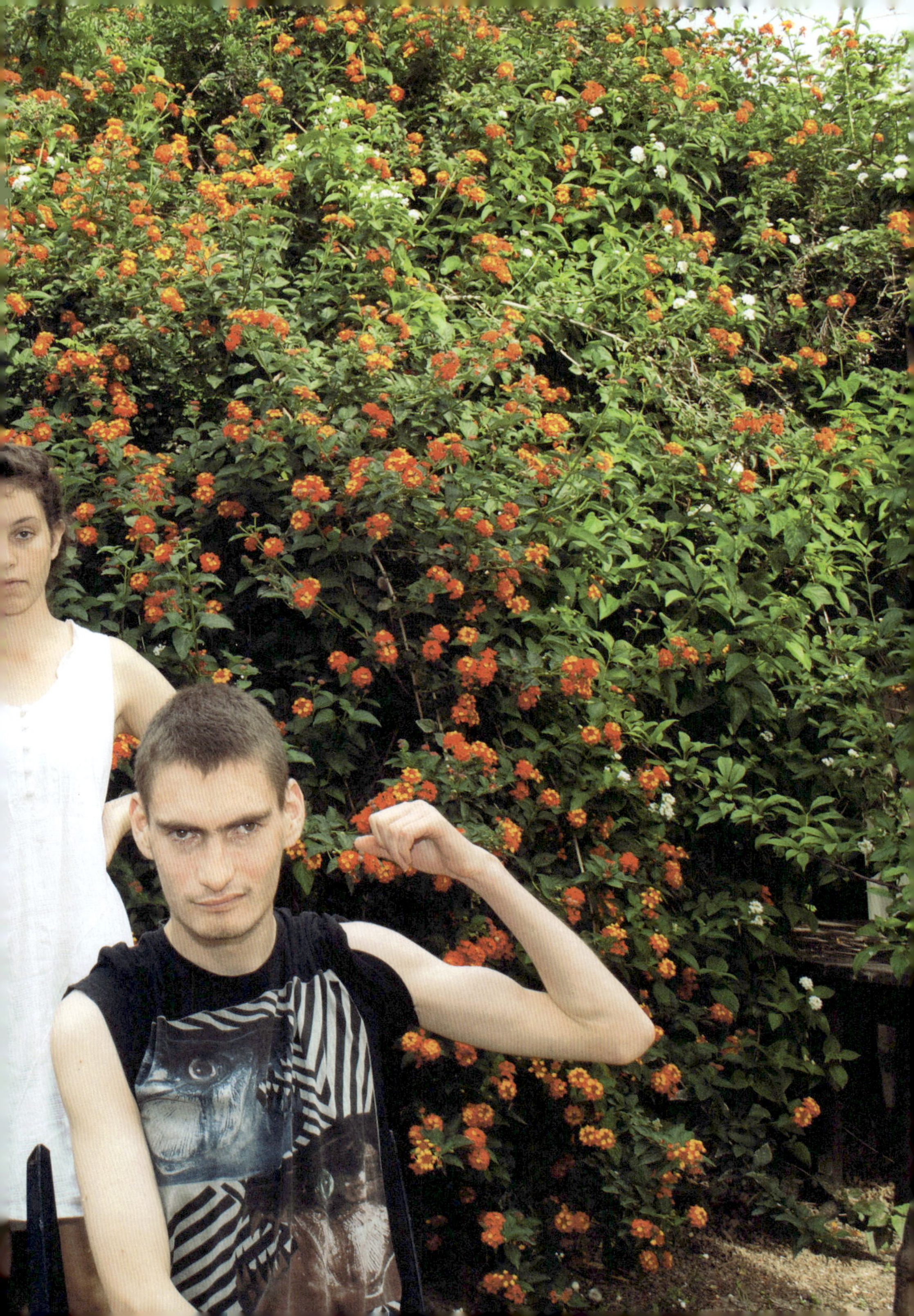

Schlidderidi schlidderida,
bin ich glücklich, was für ein Tag.

**Slippety slip slip,**
**I am happy, what a day.**

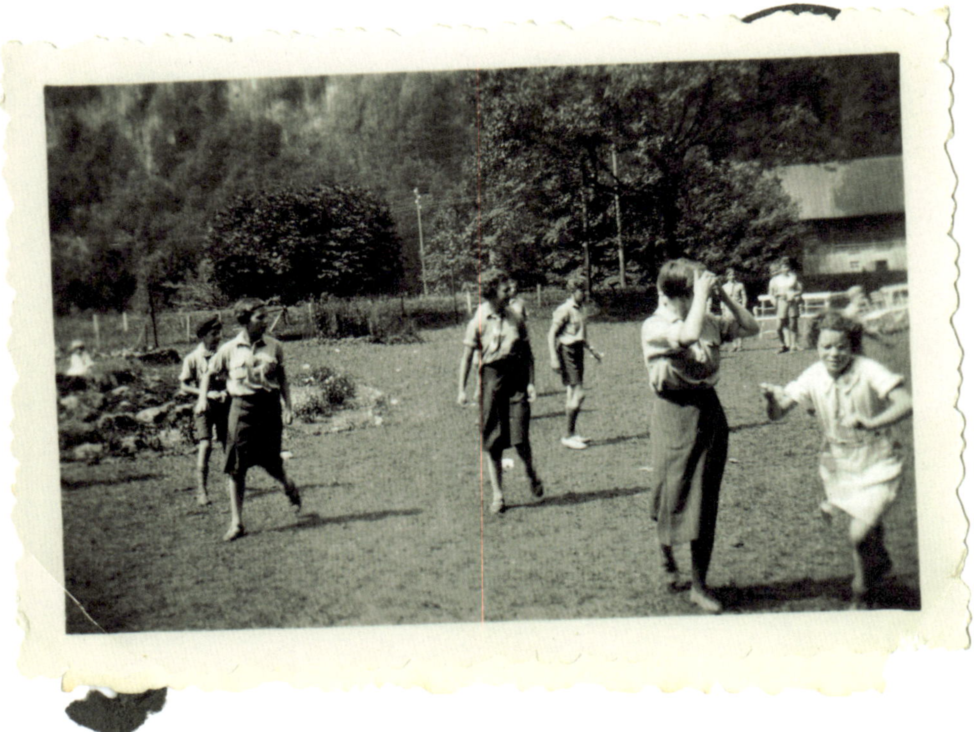

*Atmendes Archiv:* Familienbilder

Finally I climb out of my cave, for I have energy! Soon it will be time to sleep, with the long hours tomorrow. But for today I have accomplished at least something. What a slippery slope happiness is, as sliding down I look around and jarringly see nobody to celebrate with.

I press my face to the window and an alien feeling comes over me, a yearning to go outside. With bleary eyes, I see that from one day to the next, spring has come. A jaunt outside, then back inside. A luxury shower with a new bottle of shampoo. A full bottle! For the first time in ages, I slather soap everywhere, foam piled high on my head. I feel like a child again, playing while washing. Water raining down as around my feet weeks are showered away. Hair dries, if dead matter could be happy, it would be springingly speaking curly.

Padding to bed, I lay there on my side, luxuriating in relaxing. I work, sleep, eat, and hope to someday die here. My belly stretches out before me, large enough of a flesh puddle for a child to jump up and down on.

Endlich komme ich wieder raus aus meiner Höhle, denn ich habe Energie! Ausschlafen kann ich wann anders, vielleicht morgen. Genau, morgen, sogar richtig lange. Immerhin habe ich heute schon etwas erreicht. Aber was für ein rutschiger Abhang dieses Vergnügen doch sein kann. Als ich bergab schlittere, sehe ich erschüttert weit und breit niemanden, mit dem ich feiern kann.

Ich presse mein Gesicht ans Fenster, und eine fremdartige Sehnsucht nach draußen überkommt mich. Mit verschwommenem Blick sehe ich, dass es von einem Tag auf den anderen Frühling geworden ist. Kurz nach draußen, dann wieder rein. Dann eine Dusche, sogar mit einer neuen Flasche Shampoo. Was für ein Luxus, eine volle Flasche! Zum ersten Mal seit Ewigkeiten schäume und seife ich mich überall ein. Der Schaum türmt sich auf meinem Kopf. Ich fühle mich wieder wie ein Kind, das sich beim Waschen im Spiel verliert. Das Wasser regnet auf mich herunter, während unter meinen Füßen die Wochen weggespült werden. Meine Haare trocknen, und wenn diese tote Materie glücklich sein könnte, dann würde sie jetzt frohlocken.

Ich tapse ins Bett, lege mich auf die Seite und genieße die Entspannung. Hier arbeite, schlafe und esse ich und hier sterbe ich hoffentlich eines Tages auch. Mein Bauch dehnt sich vor mir zu einer großen Fleischpfütze, in der Kinder auf und ab hüpfen könnten.

I like gaining weight–or becoming more. Scars bulge, wishing to tell their story, but more importantly, the body's strength grows as my flesh enlarges into a reservoir of memories.

A sharp knife sensation cuts. My period spreads a comforting blanket, and now, my bed is a place where I bleed too. But the knife keeps cutting, and just like with the violent proposal from King Solomon, I slip into two. It's memory and madness.

In this empty birth of blood and imagined spirit, the mother of mothers, Eve, is born again, and we dance hand in hand in loud circles and for a moment a harsh crack of sunshine runs down my face. In a clap of a performance that's not me or mine, its Eve's mouth that shapes a jumble of words in a rush–

Ich mag es, zuzunehmen – mehr zu werden. Während sich mein Körper ausweitet, schwellen meine Narben an. Sie brennen darauf, ihre Geschichte zu erzählen; aber viel wichtiger: Mein Körper wird kräftiger und verwandelt sich in einen Pool von Erinnerungen.

Ein Gefühl durchschneidet mich scharf wie ein Messer. Meine Menstruation breitet eine tröstliche Decke aus, und jetzt wird mein Bett auch zu einem Ort, an dem ich blute. Aber das Messer schneidet noch tiefer, und genauso gewaltvoll, wie es König Salomon vorgeschlagen hat, spalte ich mich entzwei, in Erinnerung und Wahn.

Dieser blutig-leeren Geistgeburt entsteigt Eva, die Mutter der Mütter, wiedergeboren. Wir tanzen ausgelassen, Hand in Hand und für einen kurzen Moment streift ein greller Sonnenstrahl mein Gesicht. In einer bizarren Performance ist der Mund nicht meiner, bin es nicht ich, sondern Eva, die hektisch ein Wirrwarr aus Worten hervorbringt:

*I see you*

Lass mich durch diesen Text du sein.
Das ist das Einzige, was ich dir geben kann.

Ich wurde auf der Straße ermordet.
Ich sitze da,
der Scanner kreischt kreischt kreischt so hoch,
so laut,
dass ich selbst zu einer Papierfaser
und hineingezogen werde.
Trotzdem weiß ich immer noch nicht genug.
Versuche weiter zu verstehen.
Ich nehme das nächste Bild aus dem
Familienarchiv.

Brunhilde,
ein Name, den meine Großmutter in ihrer
Handschrift auf die Rückseite des Fotos
geschrieben hat.
Das ist alles, was ich von dem kleinen
Mädchen weiß, das unter einem Hakenkreuz
steht. Nächstes Bild. Nächster Versuch.

For this text, let me be you here:
this at least I can give you.

Eve's not really me. She died but through
these words you can be alive again.
I was murdered in the streets.

Sitting in place,
the scanner screeches eek eek eek
with quality so high I can zoom into the
grains of the paper, but still,
I have learned nothing more.

Try again.

I pick up the next picture from the
family archive.
Brunhilde,
a name written on the back of a photo
in my grandmother's writing is all I know
of the little girl standing under a swastika.

Vielleicht ist es auch Zeit für eine Pause,
für einen Spaziergang,
eine Verschnaufpause von dem Schwarz-Weiß,
von den toten Augen der ahnungslosen Familie
– alle ermordet.

Draußen alles weiß,
nur ich hinterlasse Spuren im Neuschnee,
wie Narben.

Ich ziehe mich aus,
und das performative Denkmal beginnt.

Ich bekomme durch die deutsche Kälte eine
ungewohnte blaue Haut.
Schaut mich an!

Next picture, time to try again.

Or maybe time to take a breath,
a walk outside, a breath away from the
black-and-white death, eyes, an
unknowing family murdered.
Outside it is snowed white, only my
footprints staining it.

I undress, and the performative
monument starts.
My skin turns a new color blue in
German coldness.

See me, I'm as human as you.

I shit piss cry hurt—look here
scars on my body deep,
heart on my sleeve as I stand here
naked.
I'm more solid than any monument.

Ich bin genauso Mensch wie ihr.
Ich scheiße,
pisse,
weine,
empfinde Schmerz.
Schaut mich an, nackt wie ich hier stehe.
Die tiefen Narben auf meinem Körper,
das Herz auf der Zunge.
Ich bin stärker als andere Denkmäler.
Ich stehe vor euch, verleugnet mich doch.
Ich schreie,

nein, das bin nicht ich.
Das sind die Schreie meiner Vormütter,
die mir beistehen.

Hallo, Eva,
sie kamen von hier, wurden ermordet, auf
Schienen abtransportiert, weggebaggert.
Zehn Generationen lang deutsch, zehn
Generationen getilgt, ausradiert, ausgelöscht.

I am standing in front of you,

deny me I'll scream

oh that's not me,
it's my foremothers screaming encircling
me, hello Eve,

they came from here murdered
transported on tracks bulldozed away.
Ten generations German, ten generations
hollow, blanked, erased away. I jump
high floating-in-above staying in the air.
My body is a hand-me-down of those
roaring before me,
a monument with a history written on
my face on my scars, and voice
accented.

Ich springe hoch,
schwebe in der Luft.

Mein Körper ist ein weitergegebenes Überbleibsel von denen, die vor mir gekreischt haben. Das Denkmal einer Geschichte, die in mein Gesicht, meine Narben und in meine akzentbehaftete Stimme eingeschrieben ist.

Ein Denkmal des nie Vergebens,
nie Vergessens.
Bis es keinen Grund mehr gibt,
sich zu erinnern. Bis wir unsere Unterschiede vergessen haben und uns gegenseitig wieder als Menschen wahrnehmen. Bis die Hässlichkeit verschwunden ist, und damit beschönigende Worte nicht mehr notwendig sind. Erst dann kann ich wieder landen.

A monument of never forget until there
is no need to remember as we forget our
differences and see each other as human
again.

Ugliness disperses no need for pretty
cover words.
Then I can land again,
the monument is gone.

I put my sweater on, nakedness hidden
again.

A car honk's performance is over.
Shivering it happened, is happening, here
and in the street on my way home,
hello Frankfurter Platz,
hello Nazis
you don't know me but I know you

Das Denkmal löst sich auf.
Ich ziehe mich an.
Meine Nacktheit ist wieder versteckt.

Ein Auto schießt hupend vorbei,
der Moment ist vorüber. Ich fröstele.

Es geschah, es geschieht hier. Mitten auf der
Straße auf meinem Heimweg,
hallo Frankfurter Platz,
hallo Nazis.

Ihr kennt mich nicht, aber ich kenne euch.

ICH SEHE EUCH.

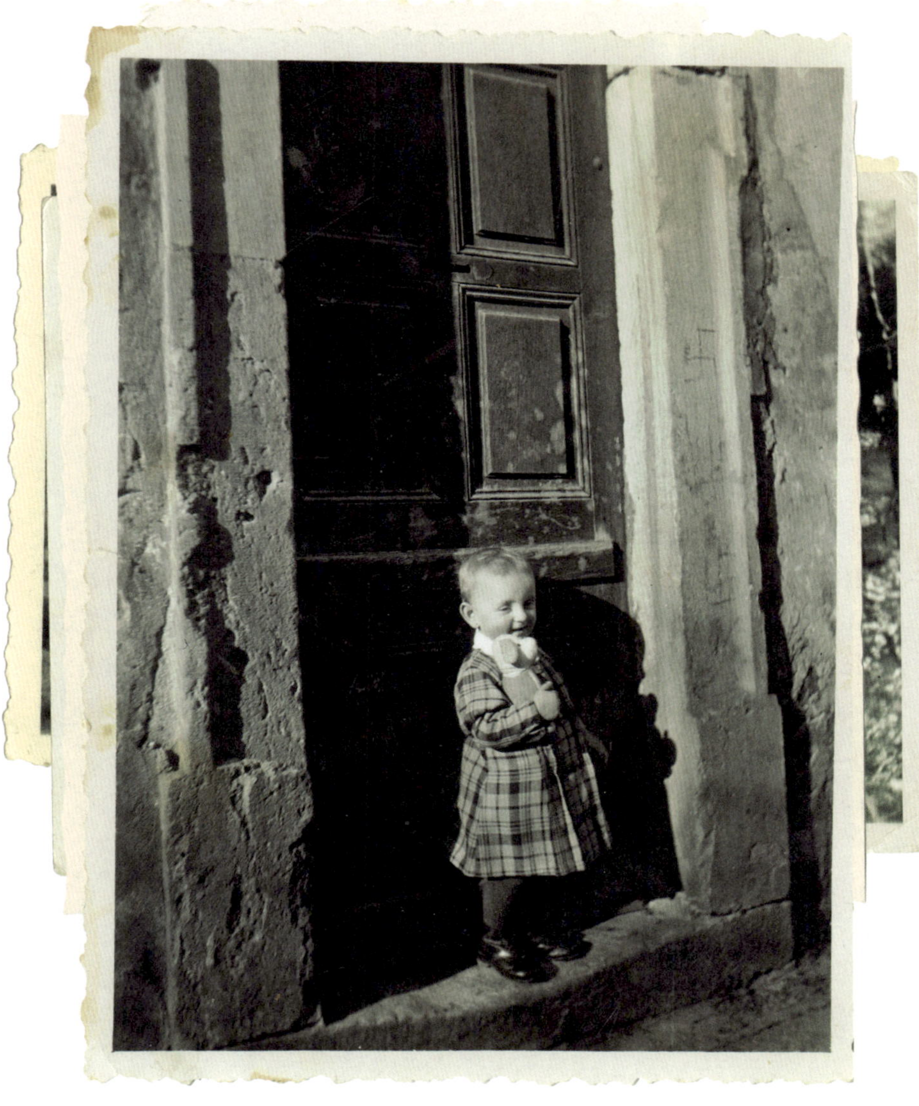

I SEE YOU.

Ausgelaugt von der Rückgeburt als Eva wieder in mich geschlüpft, muss ich mich erst noch eine Weile auf dem Stuhl ausruhen, bevor ich mit dem Durchforsten der Fotos in meinem Archiv fortfahren kann. Nur noch schwach kreische kreische kreische ich in der Stille und scanne dann weiter.

Drained by the unbirth as Eve slips back into me, I rest in the chair a while before continuing to stack the photos of the archive. I weakly eek eek eek in the silence and scan some more.

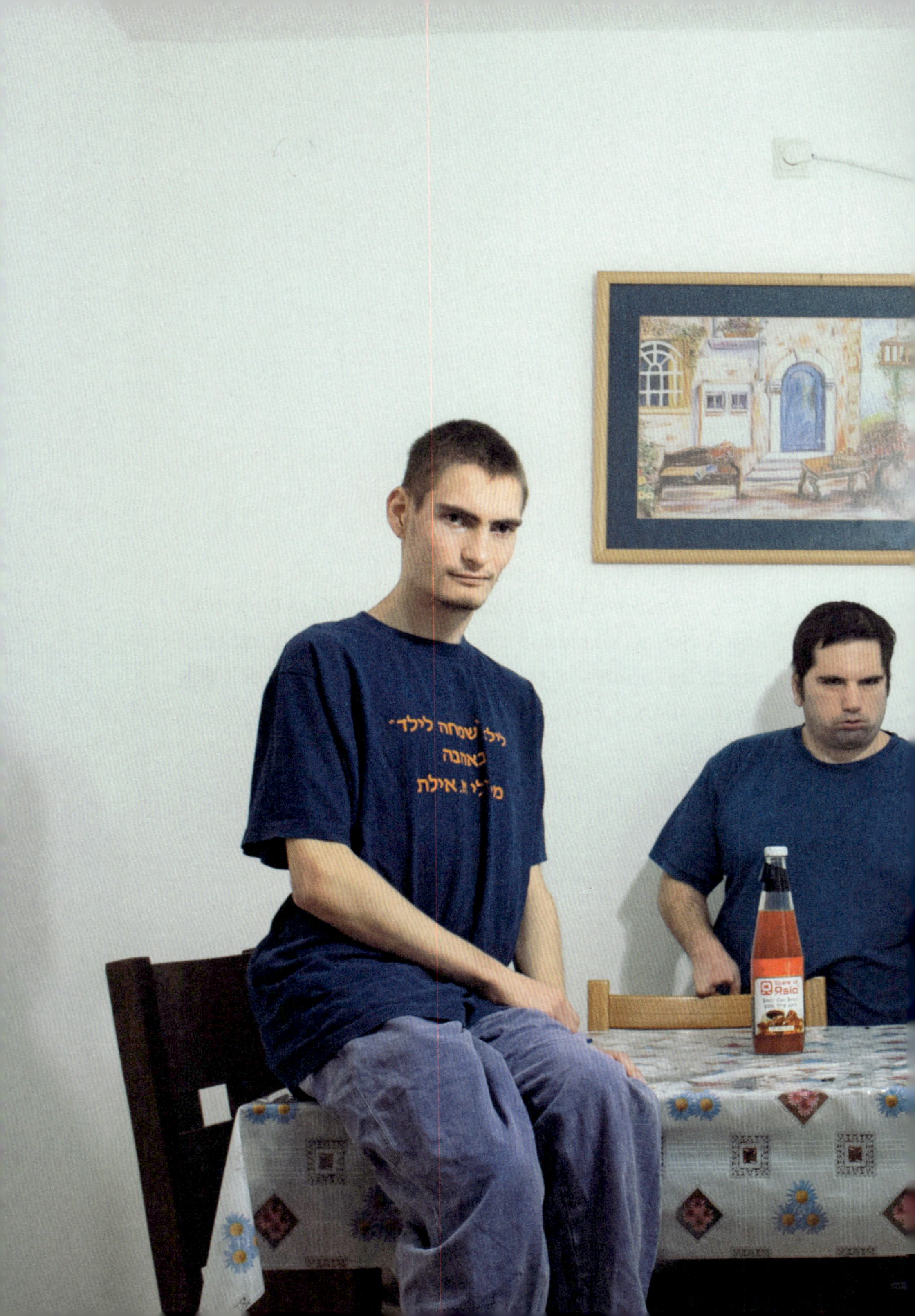

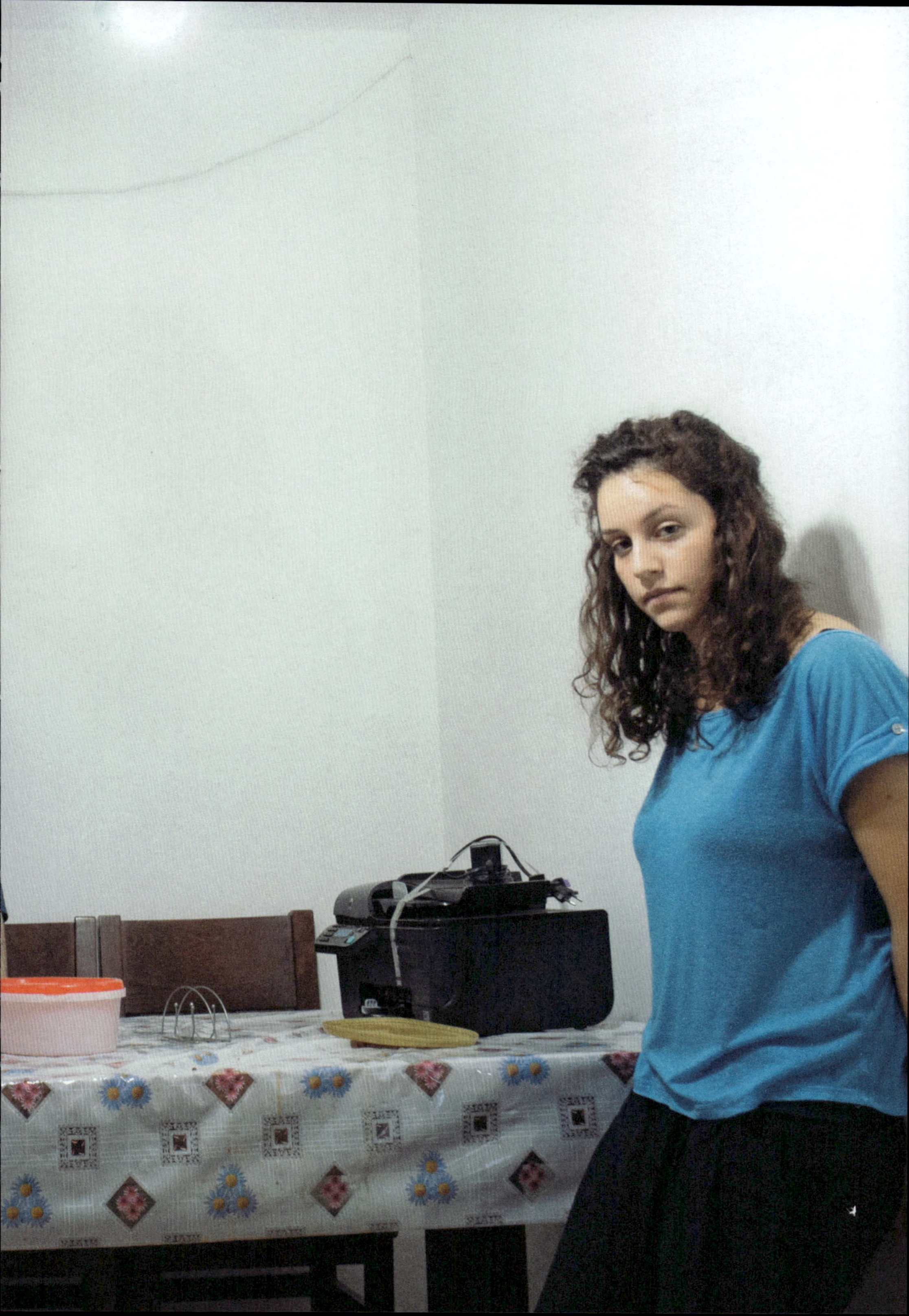

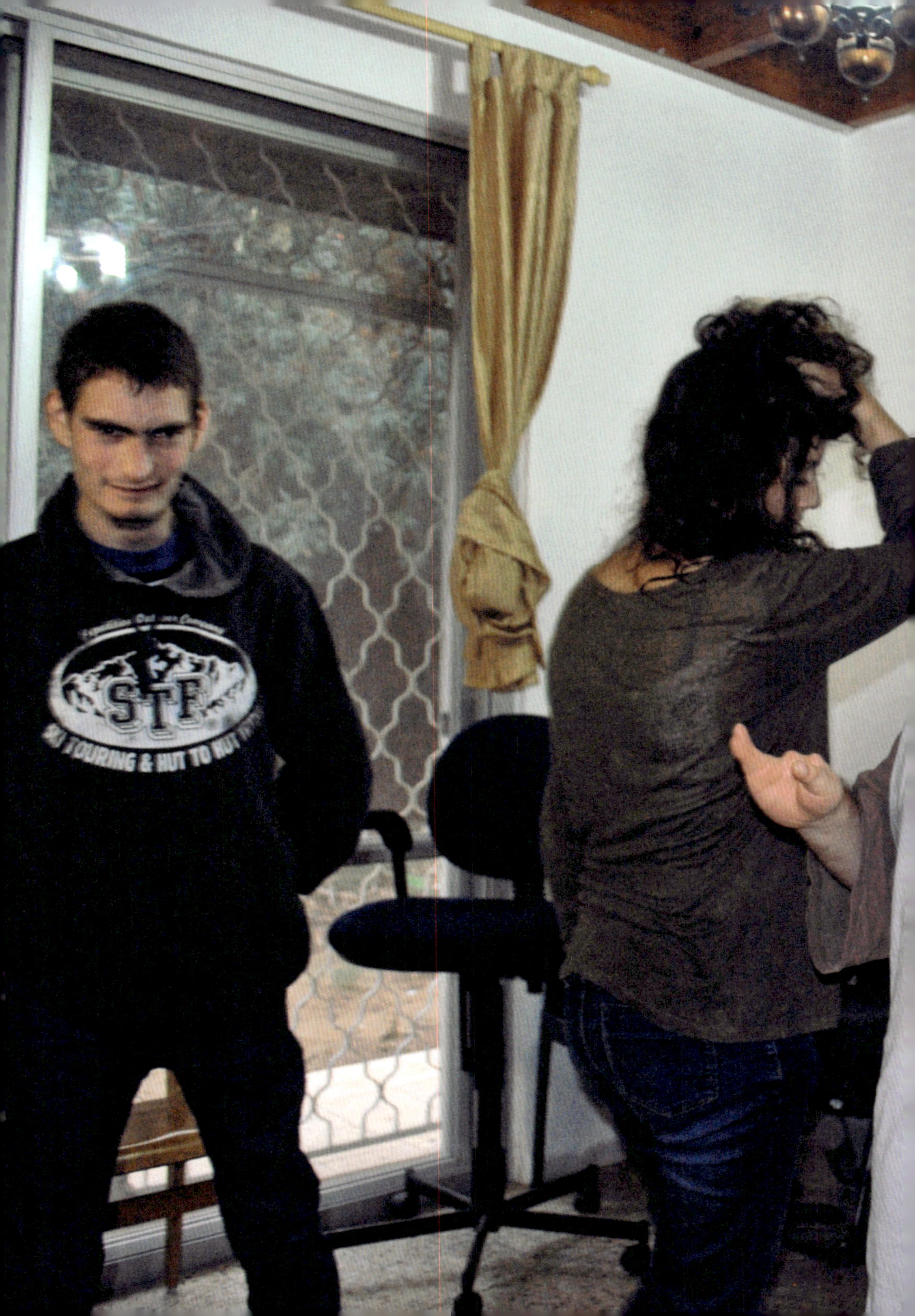
STF
SKI TOURING & HUT TO HUT

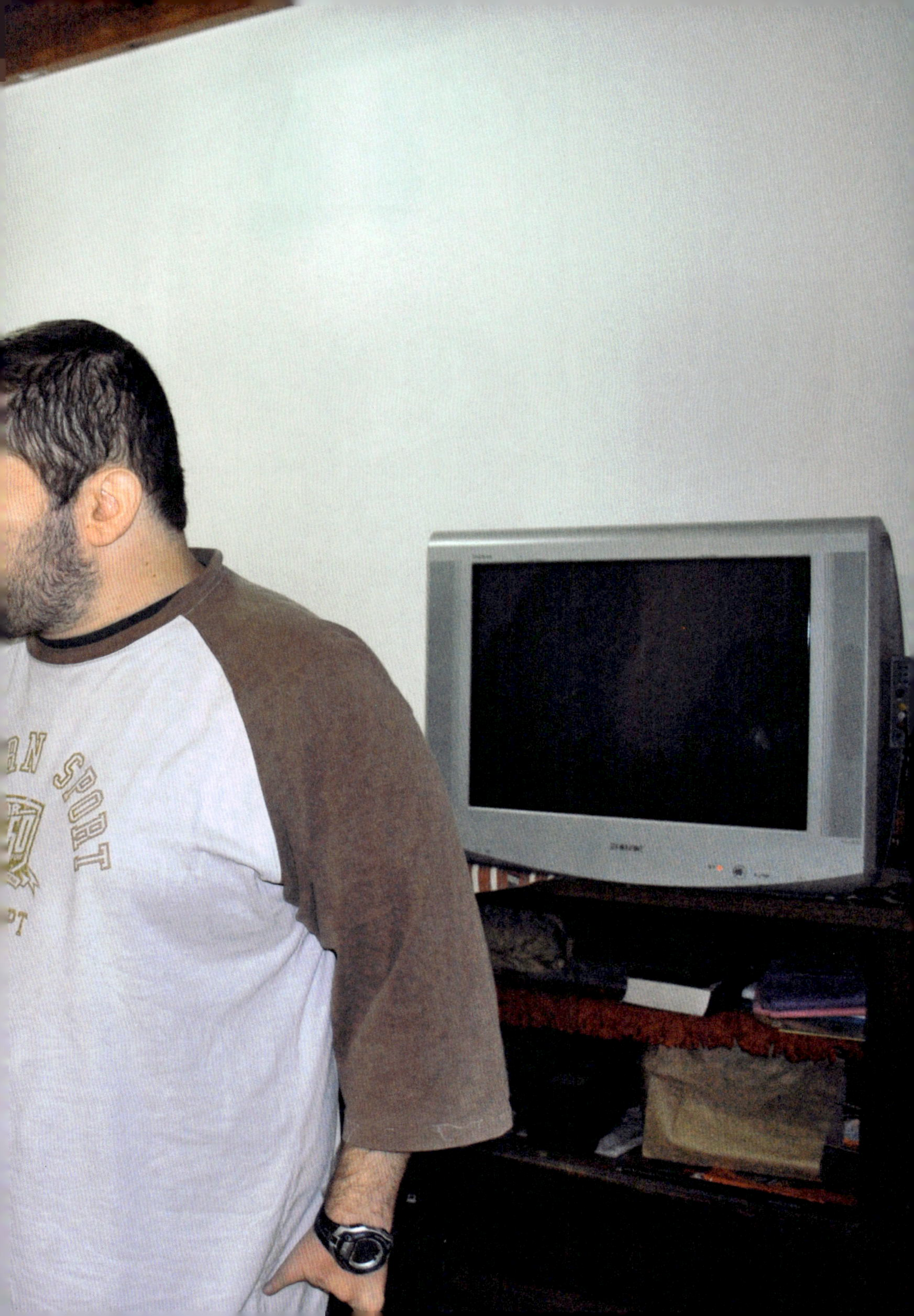

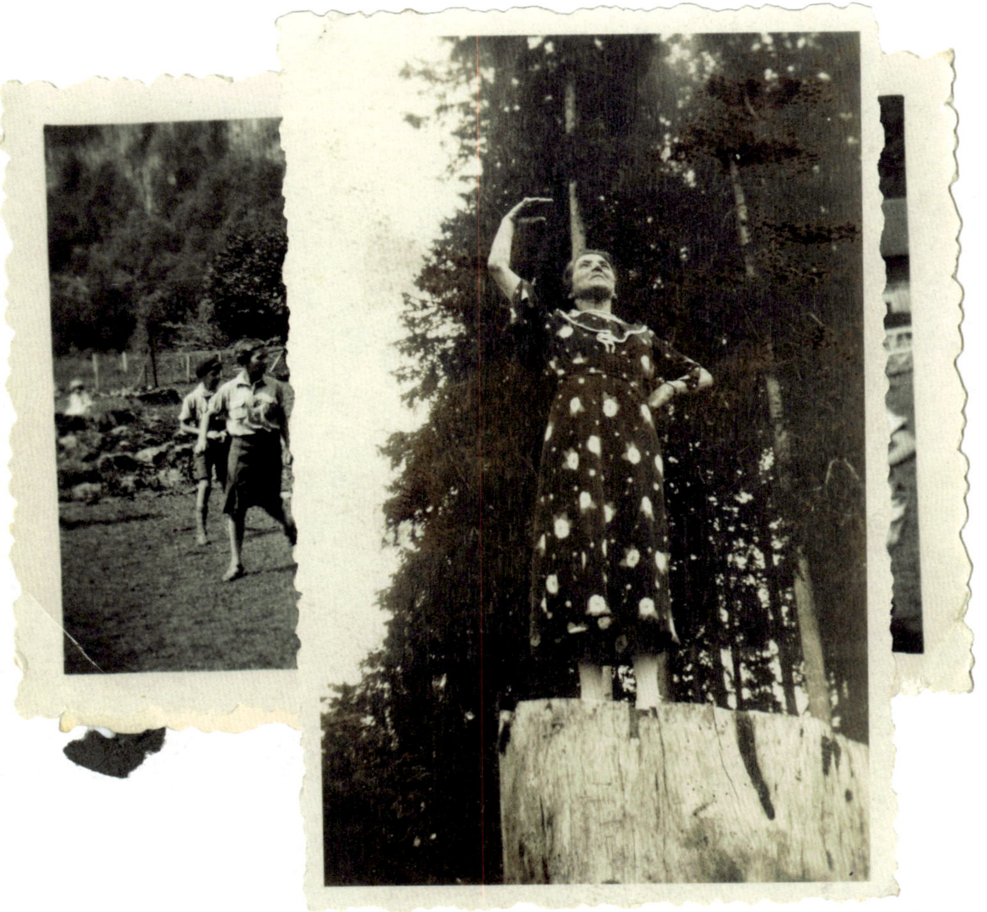

*Atmendes Archiv:* Familienbilder

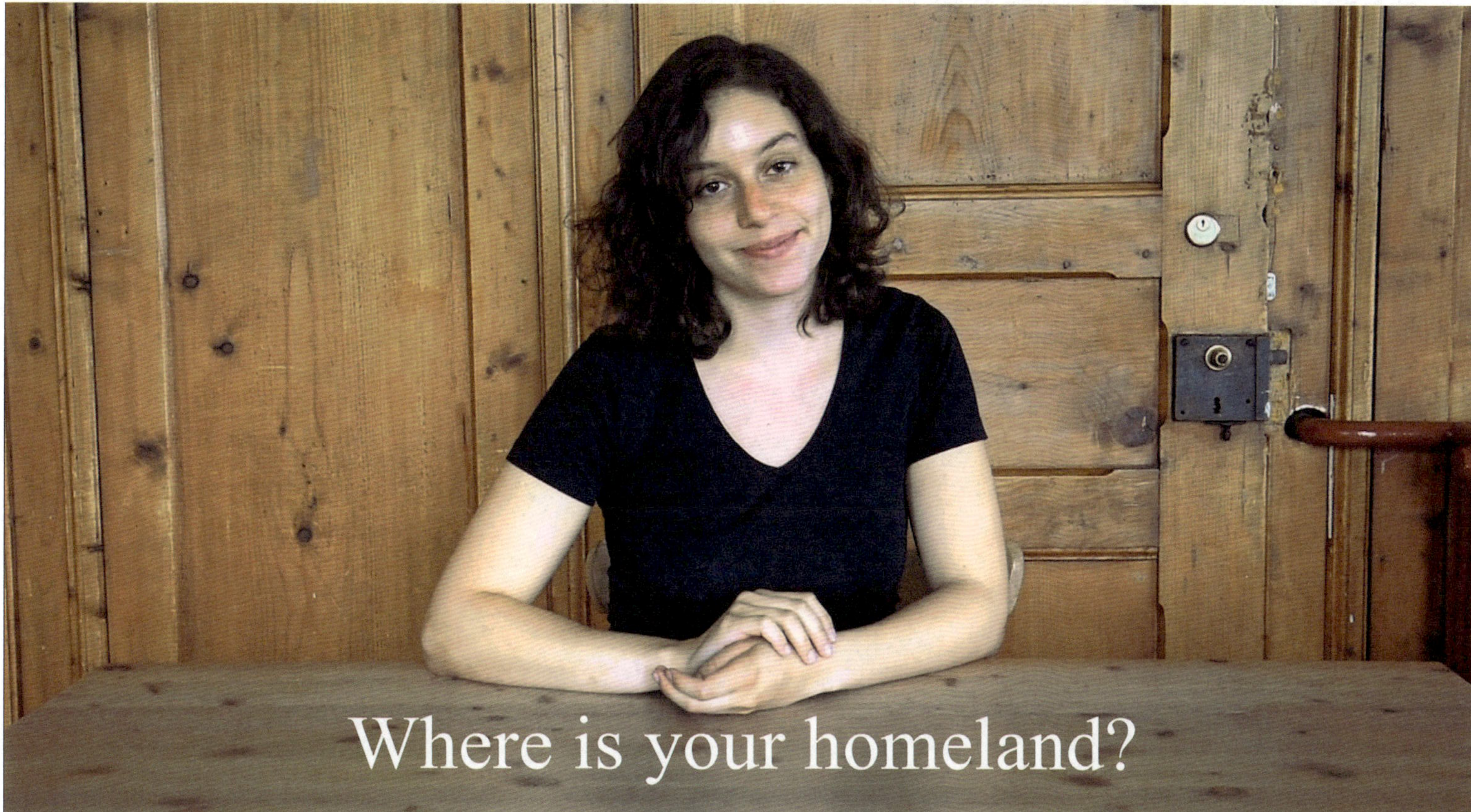


*Wo ist Ihr Heimatland?*

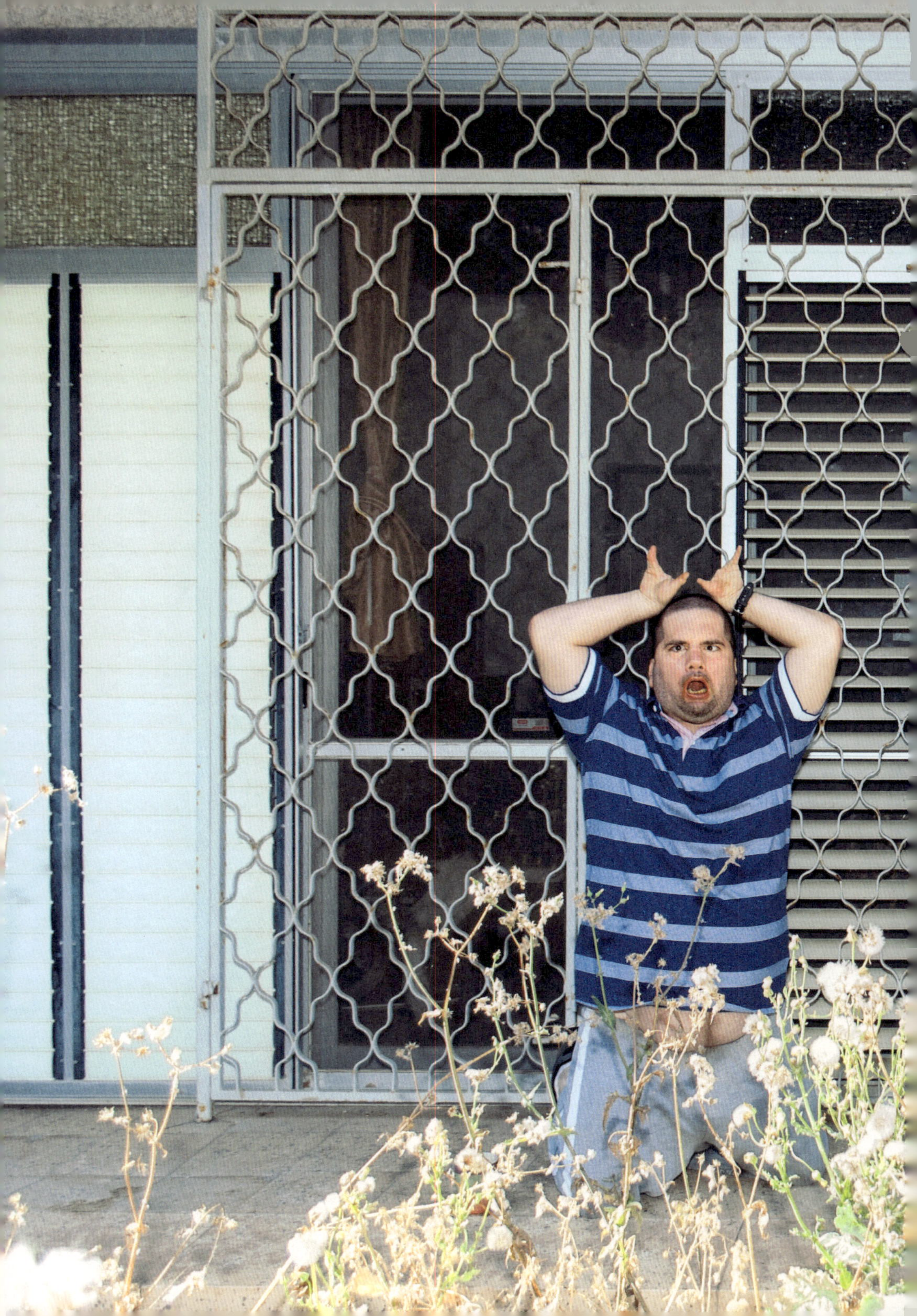

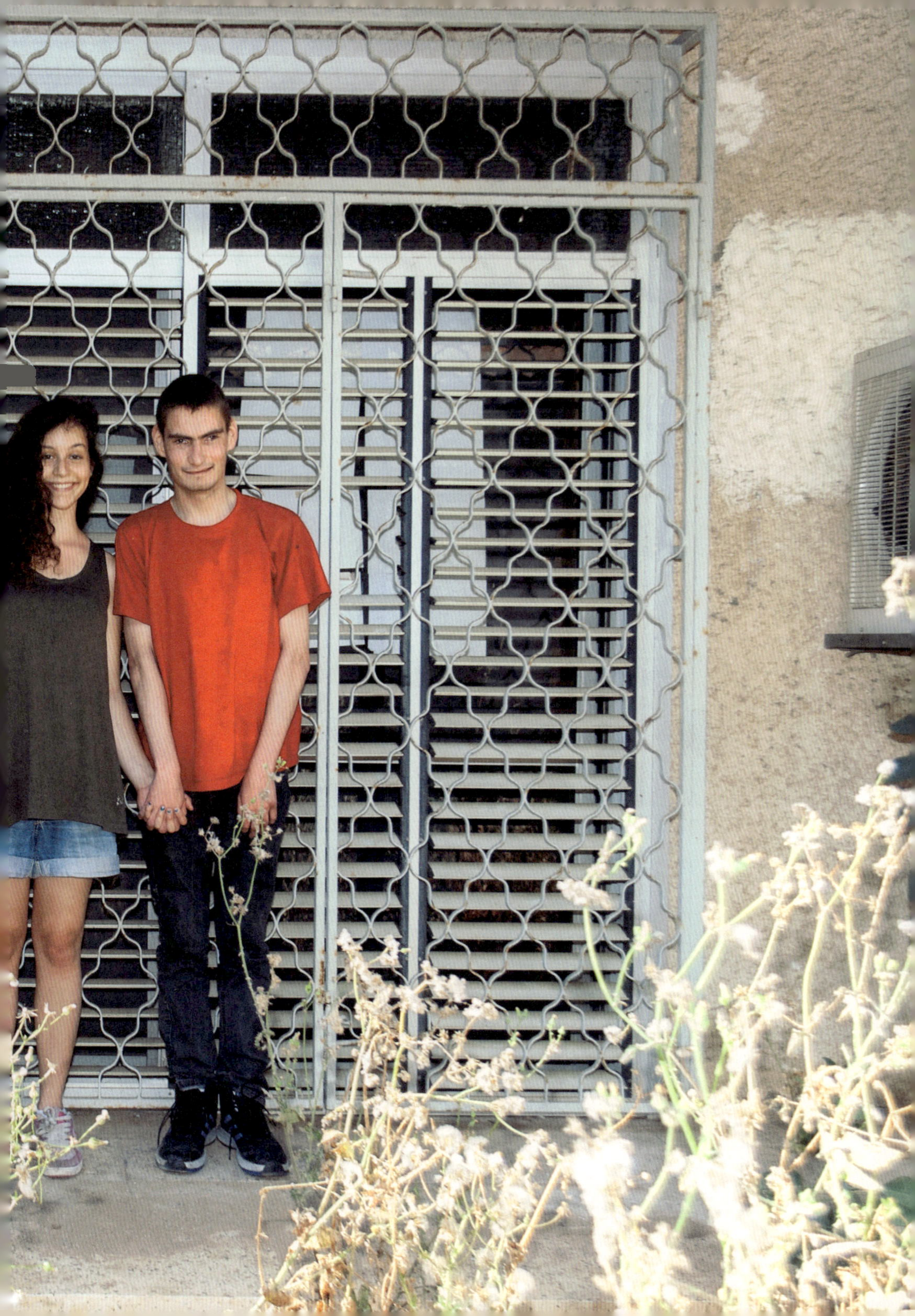

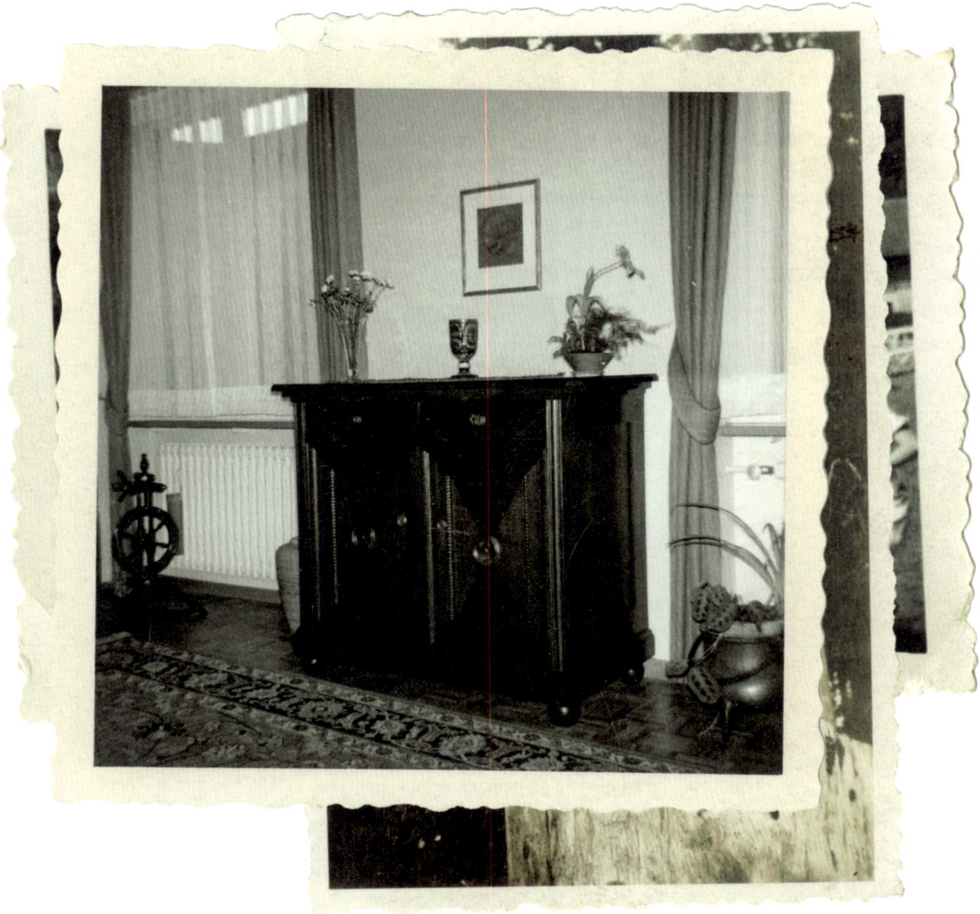

*Atmendes Archiv:* Familienbilder

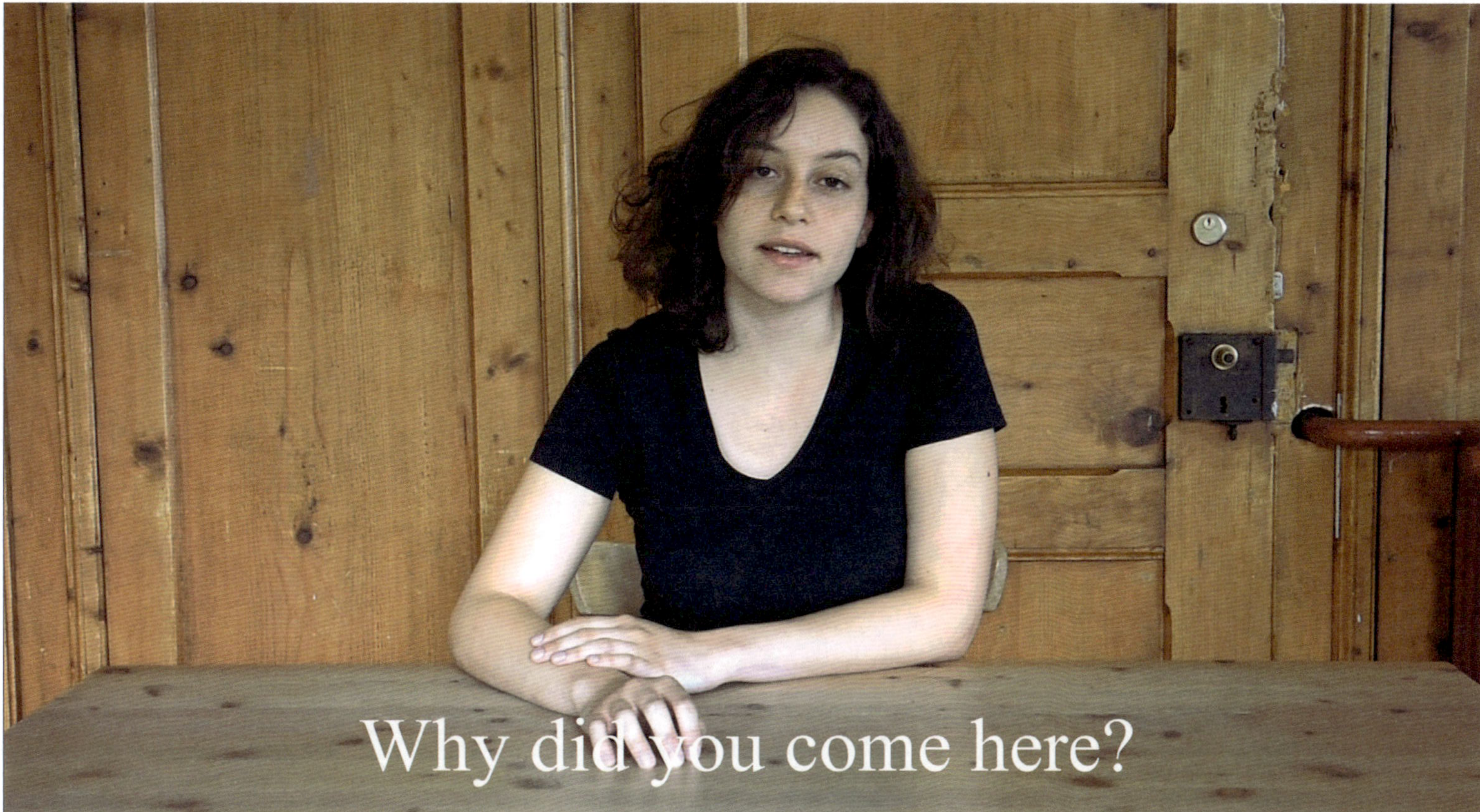


*Warum sind Sie hierhergekommen?*

# *No words of warmth*

# Keine wärmenden Worte

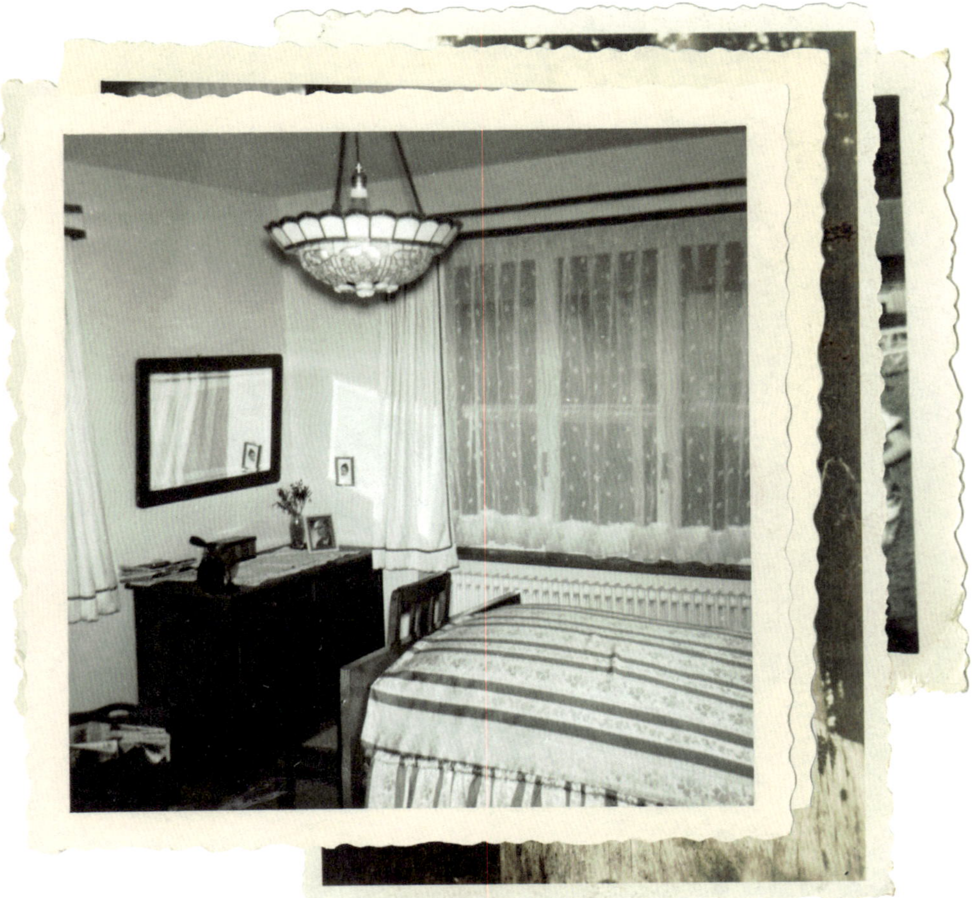

*Atmendes Archiv:* Familienbilder

Here I am again, trapped again. Blood and shit pooling together. How stale it is, I wonder if I can just reach out and climb to another dream. I try, slip, and fall. Pain and dirt. At least it is my own shit I am covered in. And at least it is warm. I've cleaned many toilets and I have learned to take comfort in the shit that I can. Trapped in blood and shit I try to move, but I am chained tight in sleep paralysis, the realm of the half-awake.

I hate shit with an irrationality. When something is particularly horrible, when a migraine wars within, the wafting ripe smell of shit fills my nose. Years later I learned that it has a name, synesthesia. Another thing I hate and fear. How full of hate and fear I can be. I wonder what I will look like as an old woman when such feelings will be etched in my face, no youth to smooth and hide it away.

My grandmother hated her wrinkles. Indeed, she fought a valiant battle using hats, anti-aging cream, and regular physical activity. Younger, she had sworn that she would never have them. She was a beautiful old lady who died full of regrets. I know this because she told me; I felt her words so deeply that now I carry them with me.

In imparting her life story and her experiences from World War II, she found her meaning before she died. She had lived most of her life being thrown from one place to the next, with the war and everything that comes with it. It kept her from studying, and the

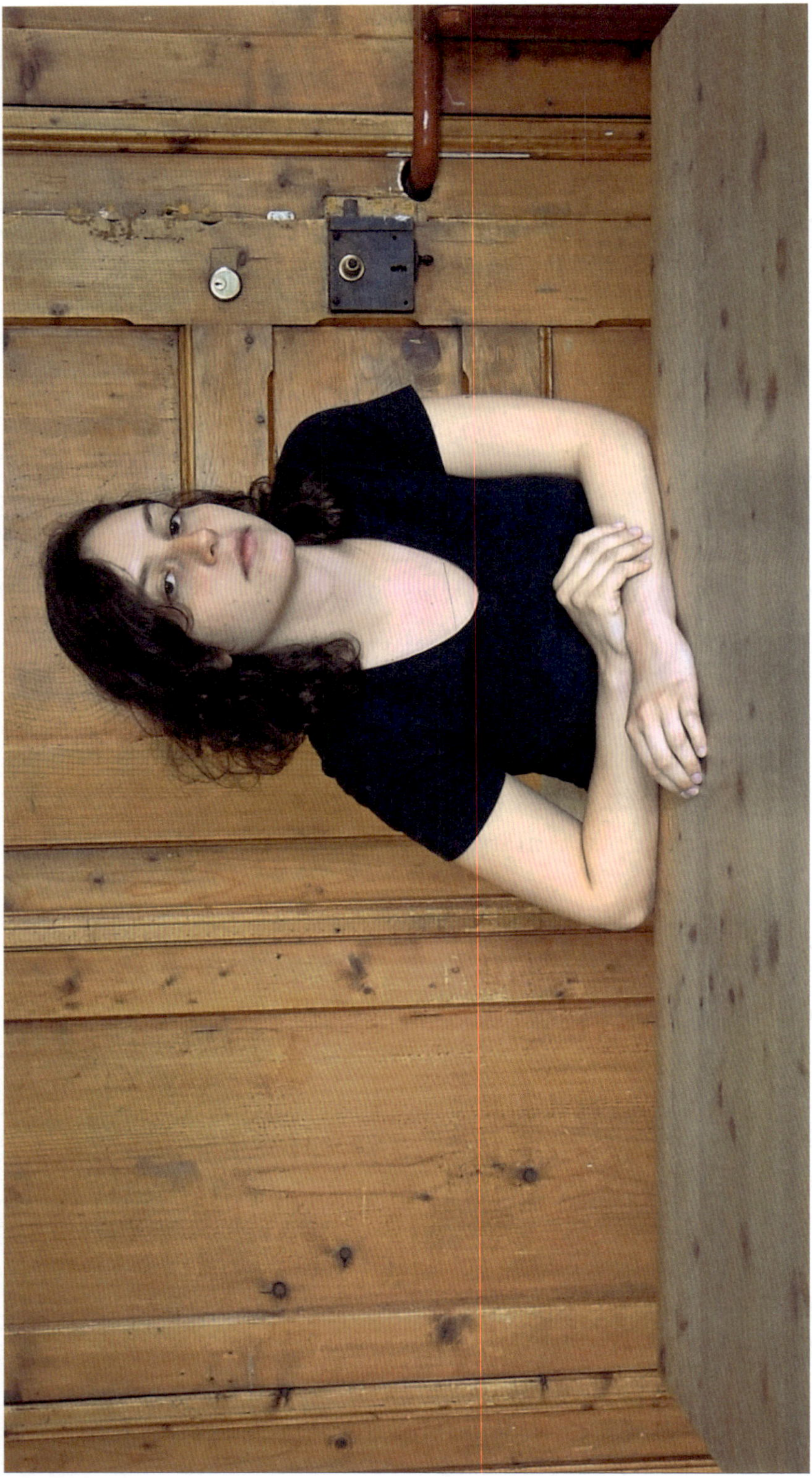

clear societal expectations, as well as her own need for familiarity and acceptance, led her to being a housewife. Towards the end, she felt that most of her life had been insignificant, especially in comparison to the educational work she had done in the short years before she died. It was only a few days ago that I received a book containing a reduced version of her story from the Jewish Museum Berlin. It was missing the secrets she had told me—precious treasures that I had written down.

Love isn't rational. I don't know why her death affected me so or why we had such a deep affection for each other. She was such a racist woman that she purposely bought white, not brown, eggs. I know that. But despite that, I can't help mourning her. I wear her old clothes from when she was young and they fit like a glove, making me feel that I had a sister body with someone who I had sometimes felt was a sister soul. From the lacey handkerchief she had on her wedding day, to the documents of her Wiedergutmachung application, I scan every piece of memorabilia from her, immortalizing what I can.

The Nazis were pros at naming things to make them sound better. Wiedergutmachung, a term coined after 1945, is one such example. Directly translated, it means "make good again," implying that such an act is even possible. Although arguably, after World War II, those German governmental offices in charge were still powered by the same Nazi generation that had supported Hitler. The Wiedergutmachung was a payment

Landesamt für die Wiedergutmachung
Karlsruhe

7500 Karlsruhe, 19. Juli 1963
Postfach
Bahnhofplatz 14
Telefon 31216 und 31217
Sprechtag: Mittwoch 8–12 und 14–17 Uhr

V 2 / Mt.



An die
Entschädigungskammer II
beim Landgericht

75 Karlsruhe.

In Sachen

Lore HOLTZ geb. Gutwillig
wohnhaft: Luzern/Schweiz,
Sälihalde 5

– Kläg. –

vertr. d. RA. Dr. A. Heinemann
Nürnberg, Breite Gasse 79/81

– Referat V –
Akt.-Z.: EK-Nr. 25 131/A – P
(Aktenzeichen im Schriftwechsel stets angeben)

O ( E II ) 9/63

gegen

das Land Baden-Württemberg
vertr. durch d. Landesamt für
die Wiedergutmachung Karlsruhe
Bahnhofplatz 14,

– Bekl. –

wegen

Entschädigung für Schaden an
Körper oder Gesundheit

wird beantragt,

die Klage kostenpflichtig abzuweisen,
hilfsweise dem beklagten Land Voll=
streckungsschutz zu gewähren.

Begründung:

Mit der vorliegenden Klage wendet sich die Klägerin gegen den Bescheid des beklagten Landes vom 4.10.1962, durch welchen der Antrag auf Gewährung einer Entschä= digung wegen Schadens an Körper oder Gesundheit zurückgewiesen wurde. Die Klage ist fristgerecht er= hoben, jedoch nicht begründet.

Das Gutachten der Psychiatrischen-und Neurologischen Klinik der Universität Heidelberg vom 26.6.1962 ( Bl. 126 ff d.EK-Akten) hat sich eingehend mit dem Sachverhalt auseinandergesetzt. Es ist zweifelsfrei zu dem Ergebnis gekommen, dass ein Zusammenhang

– 2 –

from the German government to people who could claim and prove restitution. At least, that was the idea.

My grandmother fought for eight years trying to get it. It wasn't about the money; she wanted the admission from the other side that wrong had been done to her, that her body and soul had been irrevocably affected for life. That breakdowns five and ten years later are still connected to Nazi Germany. She was seeking that admission from a wall of bureaucracy. In the end, what she did receive was a symbolic sum for having the opportunity to study taken away from her, and then an even more laughable one, for the property damage done on November 9th of 1938.

She didn't keep many things, but the folder of the paperwork, witness statements, doctor's testaments, and private letters, all the back and forth, she kept. They were part of her postwar struggle, standing up against Nazis and the aftershocks of the war. Meticulously I digitized all of it and created a two-meter-long collage. It could have been longer. As my alarm goes off, I roll out of bed and wrap it around me like a scarf, dressed in flimsy armor for the day ahead.

zwischen den Angstkrisen der Klägerin und der Verfolgung nicht besteht, und zwar weder für die des Jahres 1948, noch für diejenigen der Folgejahre. Vielmehr ist die jeweilige Ursache der späteren Krisen durchaus bekannt. Keine von ihren steht mit Verfolgungsmassnahmen in irgendeinem Zusammenhang. Ebenso hat der Gutachter eine verfolgungsbedingte Verschlimmerung eines vorher bestandenen Leidens abgelehnt. Dabei war der Gutachten im Sachverhalt von der Darstellung der Klägerin über ihre verfolgungsbedingten Erlebnisse in der Kristallnacht ausgegangen. Dem Verfahren über den Tumultschaden der Mutter, - O(EII) 326/57 - muss aber entnommen werden, dass der Tumultvorgang in der Wohnung zwar stattfand, aber offenbar nicht so dra=stisch verlief, wie ihn die Klägerin in der Anamnese geschildert hat. Dafür spricht schließlich auch, dass nach den eigenen Angaben der Klägerin die Krankheit erst 1948, 1o Jahre nach dem Ende der Verfolgung ausbrach. Wenn heute in der Klage vorgetragen wird, die Klägerin sei mit einem ganz schweren körperlichen Erschöpfungszustand, verfolgungsbedingt, nach England gekommen, so ist dies nicht nur neu, sondern steht auch im Wiederspruch zu dem bisherigen Sachvortrag, besonders gegenüber dem Vertrauensarzt ( Bl. 1o8 a.a.O.).

Zum Antrag selbst weisen wir darauf hin, dass die Berechnung der Kapitalentschädigung nicht den gesetzlichen Vorschriften entspricht. Ferner ist der Antrag auf Gewährung eines Heilverfahrens unzulässig. Der theoretische Anspruch auf Heilverfahren ist die gesetzliche Folge der Anerkennung eines Verfolgungsleidens. Insoweit kann deshalb ein Feststellungs- und Rechtsschutzinteresse nicht anerkannt werden. Ein konkreter Antrag ist im Verwaltungsverfahren bisher weder gestellt, noch verbeschieden worden, so dass ein Übergang auf eine Leistungsklage an § 21o BEG scheitert.

Eine Erklärung gemäß § 19o Ziffer 5-7 BEG liegt vor ( Bl.71 a.a.O.).

- 3 -

126–127

Bisher wurden folgende Leistungen zuerkannt:
1.) Für Schaden an Eigentum und Vermögen DM 100.--
2.) Für Schaden in der Berufsausbildung " 5000.--

Unsere Verwaltunsakten werden wir bei Termins=
bestimmung vorlegen.

I.A.

(Nissen)

Wieder bin ich hier. Wieder gefangen. Blut und Scheiße fließen zusammen. Wie geschmacklos sich alles anfühlt. Ich frage mich, ob ich nicht einfach die Hand ausstrecken könnte, um in einen anderen Traum zu klettern. Ich versuche es, rutsche und falle. Schmerz und Schmutz. Wenigstens liege ich in meiner eigenen Scheiße. Und wenigstens ist sie warm. Ich habe schon viele Klos geputzt und ich habe gelernt, in jeglicher Scheiße Trost zu finden. Ich versuche, mich gefangen in Blut und Scheiße zu bewegen, aber der Halbschlaf hat mich eingelullt und ich bin in Lähmung erstarrt.

Mein Hass auf Scheiße ist völlig irrational. Wenn etwas besonders schrecklich ist, wenn sich mein Kopf wegen einer Migräne anfühlt, als würde er platzen, dann habe ich den Geruch von Scheiße in der Nase. Irgendwann habe ich erfahren, dass das einen Namen hat: Synästhesie. Noch eine Sache, die ich hasse und die ich fürchte. Wie ich manchmal nur so voller Hass und Angst sein kann. Ich frage mich, wie ich als alte Frau, wenn sich diese Gefühle in mein Gesicht eingraviert haben, aussehen werde, ohne Jugend, die das glättet und verbirgt.

Meine Großmutter hasste ihre Falten. Sie bekämpfte sie mit Hüten, Anti-Aging-Cremes und regelmäßigem Sport. Als sie jünger war, hatte sie sich eigentlich geschworen, dass sie nie Falten haben würde. Sie war eine schöne alte Frau, die voller Reue starb. Das weiß ich, weil sie es mir erzählt hat. Ihre Worte haben mich so tief berührt, dass ich sie bis heute mit mir trage.

Kurz bevor sie starb, fand sie ihre letzte Erfüllung darin, ihre Lebensgeschichte und ihre Erfahrungen aus dem Zweiten Weltkrieg weiterzugeben. Den größten

24 Lyndhurst Road,
~~East~~ Didsbury,
Manchester 20.

July 8th 1963

To whom it may concern

I hereby declare that Lore Holtz (neé Gutwillig) came to England in 1938 and came to live with us as a member of my family. She was a well-grown girl of 14, of fine physique and high intelligence and adapted herself easily to the English way of life, although sometimes appearing frightened. She did well at her lessons, learning easily and eagerly, and endeared herself to everyone. For a few years it was not apparent that she had been unduly harmed by her experiences under the Nazi regime, but occasionally and then more often she showed terror and shock, particularly in connection with uniforms and police. (I remember an incident when she was terror-stricken when a constable called on us to sell tickets for a police show) and gradually the signs of feeling insecure increased and she began to lose weight quite rapidly and no amount of care and extra feeding seemed to help, until eventually she suffered a complete breakdown and urgently required a prolonged course of psychiatric help and medical care. Dr. Mary Burbury at the first consultation told us she suspected the cause to be connected with the Nazi fears and indeed this proved true as during the treatment it emerged that it was these hidden fears that sapped at the roots of her mental and physical health and transformed her from a healthy young woman to a thin underweight and unhappy patient.

SIGNED at Manchester this)
8th day of July 1963 in )
the presenceof:- ) (Mrs.)

A Commissioner for Oaths
and a Partner in
MAURICE RUBIN & CO.
25, ST. JOHN STREET,
MANCHESTER, 3.
Solicitors.

Teil ihres Lebens wurde sie wegen dieses Kriegs und allem, was dazu gehörte, von einem Ort zum nächsten gehetzt. Deshalb konnte sie nicht studieren. Dazu kamen die klaren gesellschaftlichen Erwartungen und ihre eigene Sehnsucht nach einer Familie, in der sie sich aufgehoben und akzeptiert fühlen konnte, und so wurde sie schließlich Hausfrau. An ihrem Lebensende empfand sie immer mehr einen Großteil ihres Lebens als unbedeutend – vor allem im Vergleich zur Bildungsarbeit, die sie als Zeitzeugin in den letzten Jahren ihres Lebens leistete. Erst vor wenigen Tagen erhielt ich ein Buch vom Jüdischen Museum Berlin, das eine gekürzte Version ihrer Geschichte erzählt. Darin fehlen allerdings die Geheimnisse, die sie mir anvertraut hat. Ein wertvoller Schatz, den ich aufgeschrieben habe.

Liebe kennt keine Logik. Ich weiß nicht, warum mich ihr Tod so berührte oder warum wir eine so tiefe Zuneigung füreinander empfanden. Sie war eine dermaßen rassistische Frau, dass sie absichtlich weiße statt braune Eier kaufte. Und nichtsdestotrotz trauere ich sehr um sie. Ich trage die alten Kleider, die sie trug, als sie noch jung war. Sie passen mir wie angegossen, und in ihnen wird mein Körper zum Körper einer Verwandten, die ich manchmal sogar als Seelenverwandte empfunden habe. Ich scanne jedes Erinnerungsstück, vom Spitzentaschentuch, das sie an ihrem Hochzeitstag bei sich hatte, bis zu den Unterlagen ihres Antrags auf Wiedergutmachung, um zu verewigen, was ich kann. Die Nazis waren Profis darin, Dinge besser klingen zu lassen. Ein Beispiel dafür ist die „Wiedergutmachung", ein Begriff der nach 1945 erfunden wurde. Wiedergutmachung setzt voraus, dass ein solcher Akt überhaupt möglich wäre. Auch nach dem Ende des Zweiten Weltkriegs waren entscheidende

53

Abschrift

Luzern, den 11. Dezember 1958.

Herrn Dr.
K.E.Bloch,
Sempacherstrasse 1,
LUZERN.

EK Nr. 25 131/A - L - d/Scha.
Betr..: Entschädigungssache Lore H o l t z geb. Gutwillig, wegen Schadens an Körper und Gesundheit.

In Beantwortung des Schreibens vom Landesamt für Wiedergutmachung, Karlsruhe, teile ich Ihnen noch folgendes mit:
Am 10. November 1938, am Tag der Pogrome, wurde unsere Wohnung am Morgen vom Pöbel demoliert, auch die Geschirrschränke wurden umgeworfen, was unheimlich viel Lärm verursachte. Einige Stunden später trafen Nazis in Uniform ein, die dann das Möbel mit Aexten systematisch zerhackten. Gleichzeitig wurde ein Feuer auf der Strasse gemacht, unsere Bibliothek wurde zum Fenster hinausgeworfen und verbrannt, und eine jubelnde Menschenmenge sah zu. Der Höhepunkt dieses tragischen Tages war, als am Nachmittag mein Bruder verhaftet wurde, um in ein Konzentrationslager deportiert zu werden. In diesem Moment sah ich, wie meine tapfere Mutter fast den Verstand verlor. Gleichzeitig wurden meine Schwestern, Grossmutter und ich aufgefordert, bereit zu sein, wir würden auch abgeholt, um "fort" zu gehen. Wir wurden nie abgeholt, aber die Ungewissheit dieser Stunden kann ich nicht beschreiben.

Wie später, in der Psychoanalyse, festgestellt wurde, erlitt ich an diesem Tage durch die schrecklichen Erlebnisse einen seelischen Schock, der später einen völligen Nervenzusammenbruch auslöste. Seit diesem Nervenzusammenbruch blieben meine Kräfte trotz aller ärztlichen Bemühungen stark geschwächt.

Ich grüsse Sie,

hochachtungsvoll
gez. L. Holtz
L. HOLTZ

Regierungs- und Verwaltungspositionen immer noch und wieder mit Nazis und Hitler-Unterstützer*innen besetzt, deren Gesinnung über das Kriegsende hinaus Bestand hatte. Die Wiedergutmachung sollte eine Auszahlung der deutschen Regierung an Personen sein, die Entschädigung aufgrund ihrer Behandlung im Zweiten Weltkrieg durch die Nazis beanspruchen und ein Recht darauf nachweisen können. Soweit die Idee.

Meine Großmutter kämpfte acht Jahre um diese Wiedergutmachung. Dabei ging es ihr nicht um das Geld, sondern um das Eingeständnis der Gegenseite, dass ihr Unrecht angetan worden war, dass sie körperlich und seelisch lebenslang unwiderruflich verwundet worden war – dass ihre Zusammenbrüche nach fünf und auch nach zehn Jahren im Zusammenhang mit Nazi-Deutschland standen.

Sie prallte gegen eine behördliche Mauer. Letztendlich erhielt sie eine symbolische Summe, die nicht der Rede wert war, weil sie keine Ausbildung machen konnte, und einen lächerlichen Betrag für die Sachschäden, die ihre Familie am 9. November 1938 erlitten hatte.

Sie hat nicht vieles aufbewahrt. Nur einen Ordner mit Papieren, Zeugenaussagen, Arztzeugnissen und privater Korrespondenz, das ganze Hin und Her. Sie waren Teil ihres Kampfes in der Nachkriegszeit, in der sie sich gegen die Nazis und die Nachwehen des Krieges wehrte. Ich habe das alles sorgfältig digitalisiert und daraus eine zwei Meter lange Collage gemacht. Sie hätte noch länger sein können. Als mein Wecker klingelt, schäle ich mich aus meinem Bett und wickele sie wie einen Schal um mich, ein hauchdünner Schutz für den Tag, der vor mir liegt.

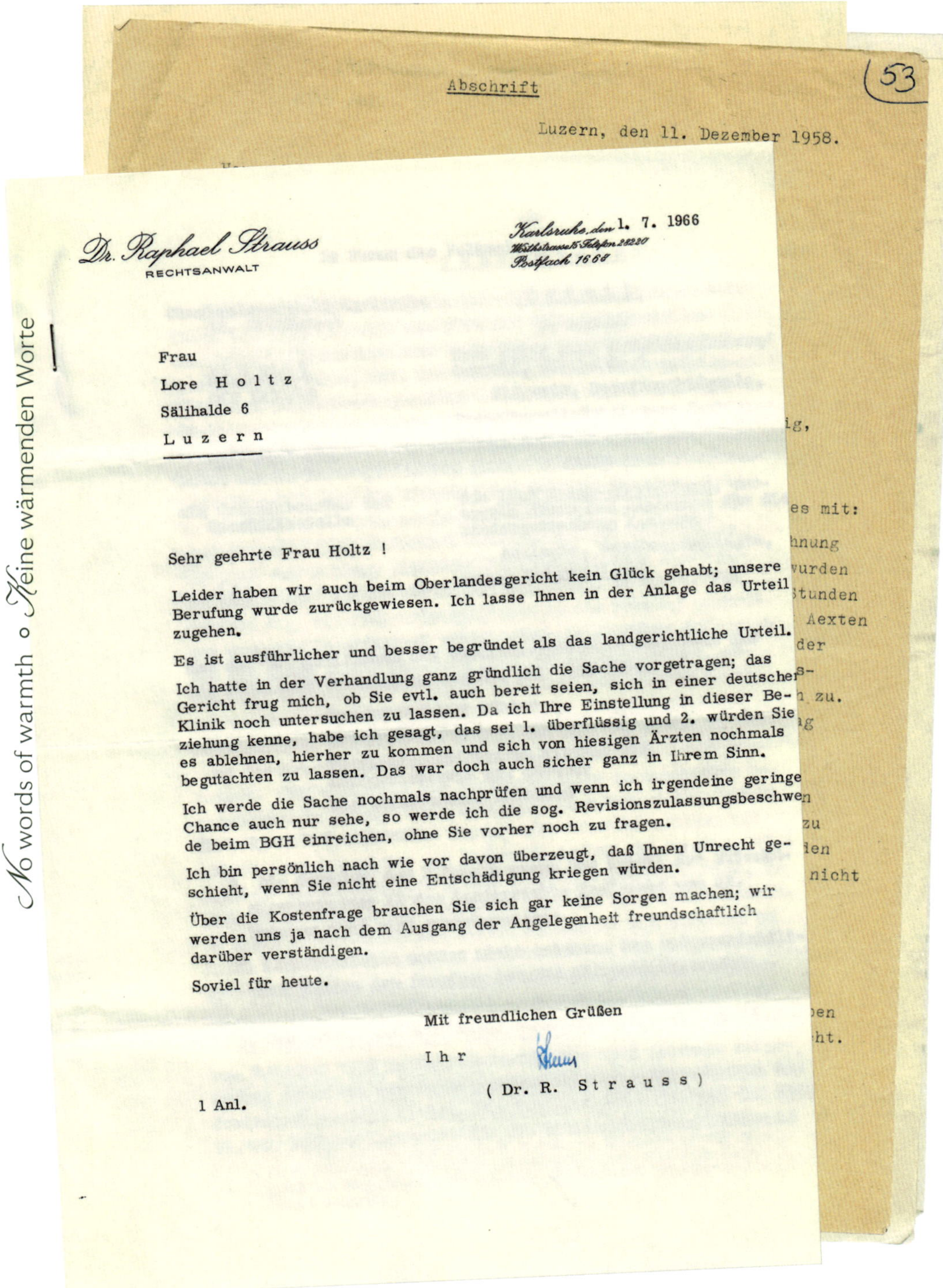

Abschrift

Luzern, den 11. Dezember 1958.

Dr. Raphael Strauss
RECHTSANWALT

Karlsruhe, den 1. 7. 1966
Waldstrasse 15 Telefon 28220
Postfach 1668

Frau
Lore H o l t z
Sälihalde 6
L u z e r n

Sehr geehrte Frau Holtz !

Leider haben wir auch beim Oberlandesgericht kein Glück gehabt; unsere Berufung wurde zurückgewiesen. Ich lasse Ihnen in der Anlage das Urteil zugehen.

Es ist ausführlicher und besser begründet als das landgerichtliche Urteil.

Ich hatte in der Verhandlung ganz gründlich die Sache vorgetragen; das Gericht frug mich, ob Sie evtl. auch bereit seien, sich in einer deutschen Klinik noch untersuchen zu lassen. Da ich Ihre Einstellung in dieser Beziehung kenne, habe ich gesagt, das sei 1. überflüssig und 2. würden Sie es ablehnen, hierher zu kommen und sich von hiesigen Ärzten nochmals begutachten zu lassen. Das war doch auch sicher ganz in Ihrem Sinn.

Ich werde die Sache nochmals nachprüfen und wenn ich irgendeine geringe Chance auch nur sehe, so werde ich die sog. Revisionszulassungsbeschwerde beim BGH einreichen, ohne Sie vorher noch zu fragen.

Ich bin persönlich nach wie vor davon überzeugt, daß Ihnen Unrecht geschieht, wenn Sie nicht eine Entschädigung kriegen würden.

Über die Kostenfrage brauchen Sie sich gar keine Sorgen machen; wir werden uns ja nach dem Ausgang der Angelegenheit freundschaftlich darüber verständigen.

Soviel für heute.

Mit freundlichen Grüßen

Ihr

( Dr. R. S t r a u s s )

1 Anl.

Landesamt für die Wiedergutmachung

- 2 -

genuin zwischen den Angstkrisen der Klägerin und der Verfolgung nicht besteht, und zwar weder für die des Jahres 1948, noch für diejenigen der Fol...

HOLLY COTTAGE
DRAUGHTON
NR SKIPTON
BOLTON ABBEY 216

.20.9.63.

Dear Lore,
Here is another effort, and I am afraid that this really is the best I can do. I have had the Salford notes, and the top quotation is from them, so I hope this may carry some more weight. At the end as you will see, I have given some expla na tion of the delay in the symptoms appearing. Not sure how accurate this is, but in substance it is true.
I hope you may at last get something, but I understand that many other people have the same difficulty. The German government would seem to be offering something that they have no real intention of giving.
My love to you and good wishes,

Yours affectionately,

Mary Burley

i.e. Germany school
Mary Dowak

...herigen Sachvortrag, besonders gegenüber dem Vertrauensarzt ( Bl. lo8 a.a.O.).

Zum Antrag selbst weisen wir darauf hin, dass die Berechnung der Kapitalentschädigung nicht den gesetzlichen Vorschriften entspricht. Ferner ist der Antrag auf Gewährung eines Heilverfahrens unzulässig. Der theoretische Anspruch auf Heilverfahren ist die gesetzliche Folge der Anerkennung eines Verfolgungsleidens. Insoweit kann deshalb ein Feststellungs- und Rechtsschutzinteresse nicht anerkannt werden. Ein konkreter Antrag ist im Verwaltungsverfahren bisher weder gestellt, noch verbeschieden worden, so dass ein Übergang auf eine Leistungsklage an § 21o BEG scheitert.

Eine Erklärung gemäß § 19o Ziffer 5-7 BEG liegt vor ( Bl.71 a.a.O.).

- 3 -

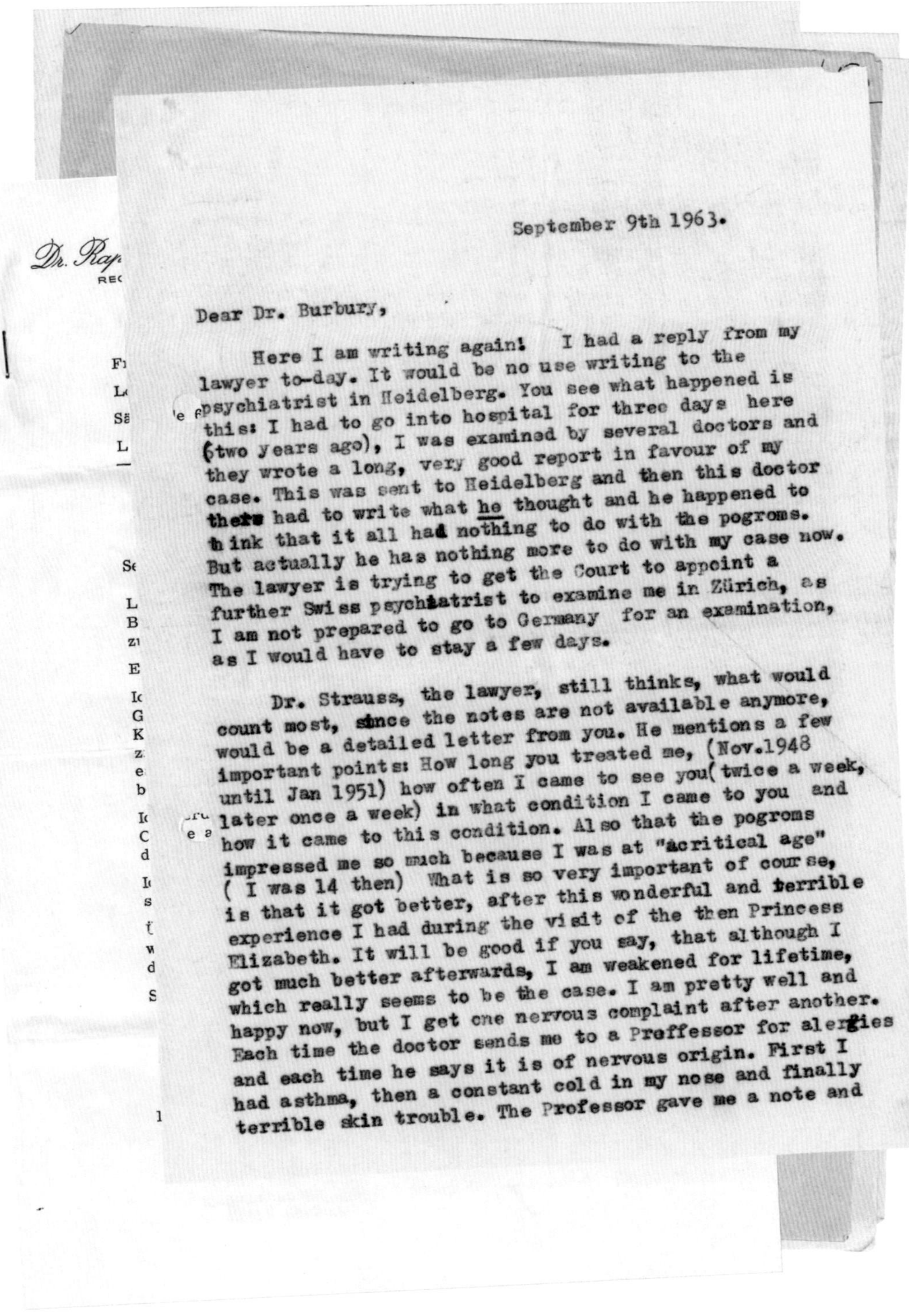

September 9th 1963.

Dear Dr. Burbury,

Here I am writing again! I had a reply from my lawyer to-day. It would be no use writing to the psychiatrist in Heidelberg. You see what happened is this: I had to go into hospital for three days here (two years ago), I was examined by several doctors and they wrote a long, very good report in favour of my case. This was sent to Heidelberg and then this doctor there had to write what he thought and he happened to think that it all had nothing to do with the pogroms. But actually he has nothing more to do with my case now. The lawyer is trying to get the Court to appoint a further Swiss psychiatrist to examine me in Zürich, as I am not prepared to go to Germany for an examination, as I would have to stay a few days.

Dr. Strauss, the lawyer, still thinks, what would count most, since the notes are not available anymore, would be a detailed letter from you. He mentions a few important points: How long you treated me, (Nov.1948 until Jan 1951) how often I came to see you(twice a week, later once a week) in what condition I came to you and how it came to this condition. Also that the pogroms impressed me so much because I was at "a critical age" ( I was 14 then) What is so very important of course, is that it got better, after this wonderful and terrible experience I had during the visit of the then Princess Elizabeth. It will be good if you say, that although I got much better afterwards, I am weakened for lifetime, which really seems to be the case. I am pretty well and happy now, but I get one nervous complaint after another. Each time the doctor sends me to a Proffessor for alergies and each time he says it is of nervous origin. First I had asthma, then a constant cold in my nose and finally terrible skin trouble. The Professor gave me a note and

Landesamt für die Wiedergutmachung

- 2 -

genuin! zwischen den Angstkrisen der Klägerin und der Ver=
folgung nicht besteht, und zwar weder für die des
Jahres 1948, noch für diejenigen der Bel...

HOLLY COTTAGE
DRAUGHTON
NR SKIPTON
BOLTON ABBEY 216

.20.9.63.

Dear Lore,

... another effort, and I am afraid that this really is the
... Salford notes, and the top quotation is from t
... ight. At the end as you will see, I
... appearing. Not su

all the other doctors too, especially the skin specialist gave me an excellent note. Also I never have much reserves and then have to take additional vitamins etc. This all dates back to the nervous breakdown I was much stronger before, I remember that. A nervous breakdown just takes the stuffing out of one. What is very important to stress, is, that a nervous breakdown can occur 10 years after the disturbing fact has happened.

Dr. Burbury, can I really ask you to write this for me once more? I honestly feel bad about it, and thank you very very much if you do it.

How are you feeling and how is your brother, who is staying with you?

I really must come to England soon, my English is deteriorating terribly.

Many kind regards and fondest love from

No words of warmth ○ Keine wärmenden Worte

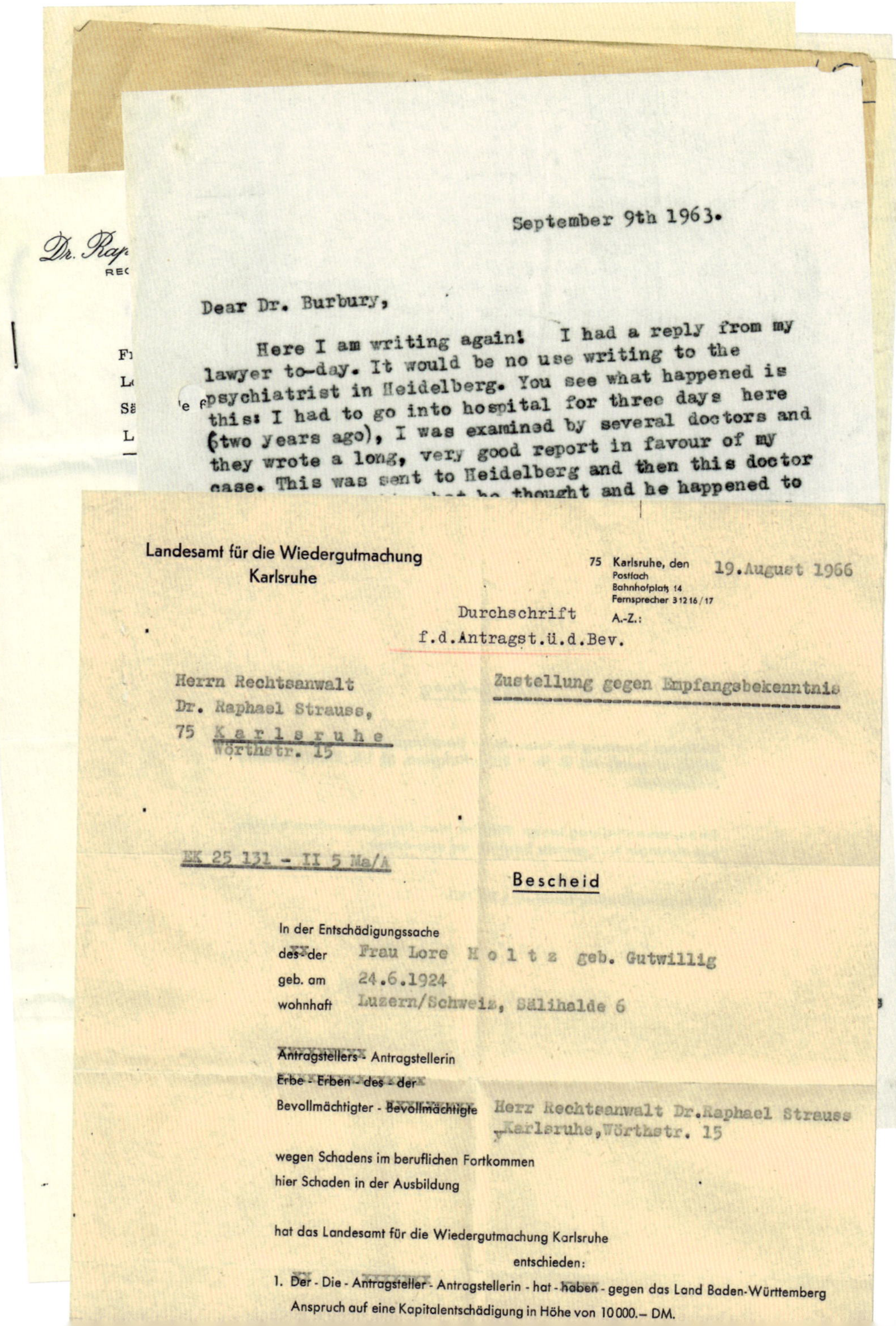

September 9th 1963.

Dear Dr. Burbury,

Here I am writing again! I had a reply from my lawyer to-day. It would be no use writing to the psychiatrist in Heidelberg. You see what happened is this: I had to go into hospital for three days here (two years ago), I was examined by several doctors and they wrote a long, very good report in favour of my case. This was sent to Heidelberg and then this doctor

Landesamt für die Wiedergutmachung
Karlsruhe

75 Karlsruhe, den 19. August 1966
Postfach
Bahnhofplatz 14
Fernsprecher 31216/17
A.-Z.:

Durchschrift
f.d.Antragst.ü.d.Bev.

Herrn Rechtsanwalt
Dr. Raphael Strauss,
75 Karlsruhe
Wörthstr. 15

Zustellung gegen Empfangsbekenntnis

EK 25 131 - II 5 Ma/A

**Bescheid**

In der Entschädigungssache
des der Frau Lore Holtz geb. Gutwillig
geb. am 24.6.1924
wohnhaft Luzern/Schweiz, Sälihalde 6

Antragstellers - Antragstellerin
Erbe - Erben - des - der
Bevollmächtigter - Bevollmächtigte Herr Rechtsanwalt Dr. Raphael Strauss, Karlsruhe, Wörthstr. 15

wegen Schadens im beruflichen Fortkommen
hier Schaden in der Ausbildung

hat das Landesamt für die Wiedergutmachung Karlsruhe
entschieden:

1. Der - Die - Antragsteller - Antragstellerin - hat - haben - gegen das Land Baden-Württemberg Anspruch auf eine Kapitalentschädigung in Höhe von 10000.– DM.

Anspruch auf eine Kapitalentschädigung in Höhe von 10000.– DM.

2. Auf die Kapitalentschädigung wird der auf Grund des Bescheids - ~~Vergleichs - der gerichtlichen Entscheidung~~ - vom 4.6.1959 gezahlte Betrag von 5000.– DM angerechnet.

3. Ausgezahlt werden – nach Maßgabe der devisenrechtlichen Bestimmungen – an den - ~~die - Antragsteller - Antragstellerin~~ - Bevollmächtigten

**5000.– DM**

(i. W.: Fünftausend Deutsche Mark)

nach Zustellung des Bescheids.

4. Die Entscheidung ergeht kostenfrei; Gebühren und Auslagen werden nicht erstattet.

Anl.: Mehrfertigung / en

9. 65 LL 20000 AL 1100 a

*I kissed*
Ich
*the words*
küsste
*on*
die Worte
*the paper*
auf Papier

Herzrasen und ein Kuss von Mund zu Mund, mit seltsam gräulichem, fast totem Nachgeschmack. Vielleicht ist es Asche, denke ich bei mir. Kann ich mit meiner Familiengeschichte das Wort Asche sagen, ohne an eine andere Art von Asche zu denken – die Asche von Büchern und Leichen?

An meiner High School wurde, wie an vielen israelischen Schulen üblich, eine Klassenfahrt nach Polen organisiert. Ich entschied mich dagegen, weil ich diese Erfahrung nicht in Begleitung machen wollte. Eine Woche vor der Reise hatten meine Freund*innen überlegt, wie wir die offizielle Berechtigung erhalten könnten, statt des Wehrdienstes Zivildienst zu leisten. Ich war schockiert, als sie mir direkt nach ihrer Rückkehr von dieser Reise mitteilten, dass sie nun doch zum Militär wollten.

Ich war schockiert und wurde mit der Erkenntnis konfrontiert, dass es sich nicht um eine historische, sondern um eine nationalistische Reise handelte. Dieser Verrat an meiner Generation stach mir von Zeit zu Zeit wie ein Messer in den Rücken. Vielleicht wegen der Angst, keine konkrete verantwortliche Person dafür ausmachen zu können, sondern nur ein verschwommenes „sie". Oder vielleicht sind es meine Liebe und mein Respekt vor der Geschichte, die mir diese Politisierung von Bildung, von Geschichte so schändlich erscheinen lassen. Schändlich sollte das genannt werden, aber davon kann ich vermutlich nur träumen. Die Realität sieht

A chest pump and a mouth-to-mouth kiss with a strange aftertaste of the color gray and an almost death. Perhaps it is ashes, I think to myself. Is it possible, with all my familial history, to say the word ashes and not think of another kind, one of books and bodies?

In my high school, like with many Israeli high schools, there was an organized student trip to Poland. I decided against going because it was an experience I wanted on my own. A short week before the trip, my friends had considered how they can get authorization to do social service instead of military service. After that trip, I was met with their sudden switch of resolve: they decided they should serve in the military instead.

I was shocked and confronted by the realization and my understanding that this hadn't been only a historical tour, but a nationalistic one too. This betrayal twisted a knife deep in me then and still does now. Perhaps because of the terror that there is no one figure responsible, only the unreachable "they." Or, because of my love and respect for history, I see this politicization of education and history as defiling. Defiling is more my wish for what it should be called than the reality, because picking at history to fit into a picture-perfect frame of a present narrative is an old tradition.

anders aus. Es hat eine lange Tradition, Geschichte in einen passenden Rahmen für die jeweilige Gegenwart zu pressen.

Diese Absicht spürte ich nicht zum ersten Mal. Ich könnte noch eine lange Liste von weiteren kleineren und größeren Erschütterungen aufzählen, die ich in Israel erlebt habe, während ich aufgewachsen bin, um auf eine bestimmte Weise zu denken. Widersinnig haben sie mir beigebracht zu zweifeln, statt meiner Wahrnehmung zu vertrauen und die Lücke zwischen dem, was ich höre, und dem, was ich erlebe, zu erkennen. Dinge in Frage zu stellen: Wenn es die eine feste Wahrheit, wie sie mir gelehrt wurde, so nicht gibt, könnte Geschichte nicht stattdessen als fließend, als fluide verstanden werden? Für mich wäre das ein transparenterer Versuch, etwas über Geschichte zu lernen, ehrlicher, als sie einfach als die eine unveränderliche Wahrheit zu nehmen. Und deshalb finden wir uns hier in diesem Fantasy-Erinnerungsbuch: Ich bin so wahrhaftig wie Erinnerungen oder wie erinnerte Geschichten.

Ich streiche über meine Lippen. Sie fühlen sich ganz zart an nach diesem Kuss. Mündliche Überlieferung war im Judentum immer wichtig. Es gibt eine Enzyklopädie von Büchern mit Textpassagen, die von Generation zu Generation weitergegeben werden und durch die sich erinnert wird. Tausende von Jahren alte Worte, in die sich manche Menschen ihr ganzes Leben lang vertiefen. Jeder Abschnitt wird auf derselben Seite von verschiedenen

It wasn't the first time I felt this intention. I could give more examples, a list of little and large nudges I have felt over the years and growing up in Israel to think as a collective Israeli body. Contradictorily, it taught me to doubt, and to recognize a gap between what I read and hear, and what I learn and experience. And to question–if the history I was learning isn't a fixed truth, could it be read instead as a fluid one? It is a more transparent way to learn about history in my eyes than approaching it as an immutable truth. And so here we are, in this fantasy memory book. I am as truthful as memory or remembered histories.

Brushing the lips of my mouth, they feel tender after that kiss. Oral tradition has always been important in Judaism, where there is an encyclopedia of books with passages that are memorized and passed down from one generation to the next. Words that are thousands of years old, and that people have dedicated lifetimes to studying. Texts with interpretations and discussions of famous Rabbis framed on the same page. Some of them are meaningful and thought-provoking; others are as sexist and racist as texts written today.

Like with this tradition of interpretation, I refuse to simplify. I see it as vital to discussion

dazugehörigen Interpretationen und Diskussionen berühmter Rabbiner eingerahmt.

Manche von ihnen haben ihre Gültigkeit behalten und regen zum Nachdenken an. Andere sind einfach nur sexistisch und rassistisch.

In dieser Tradition stehend, verweigere ich mich vereinfachten Interpretationen. Es ist für mich unerlässlich für jede Diskussion und jeden Denkansatz, die Perspektive anderer und deren Erfahrungen mitzudenken. Schließlich bedeutet die Unfähigkeit zuzuhören das Ende einer konstruktiven Diskussion.

Diese Texte breite ich hier aus. In Bild, Ton und Schrift, auf Deutsch und auf Englisch, lade ich ein zu einer Auseinandersetzung, bei der das Persönliche auch das Politische ist.

and thinking to consider another side and the experiences of different people, and the demise of this vital discussion is not to listen. These words bared before you in tone and text, in English and in German, are opening a conversation you are welcome to take part in, one where the personal is also the political.

*Breathing*
Atmendes
*archive;*
Archiv;
*body*
der Körper
*as heritage*
als Erbe

Auf dem Flohmarkt stoße ich auf eine Fülle von Familienfotos und -karten, eine verworrene Komposition, gewoben aus den Stoffen verschiedener Familien. Hier wartet ein Kunstwerk darauf, zu entstehen. Aber nicht auf mich oder nur nicht heute. Ich weiß, wie glücklich ich mich schätzen kann, dass der Stoff meiner Familie dermaßen dicht gewoben ist. Ein Teppich aus vielen Fäden, jeder Knoten eine Erinnerung und darin nur ein leichter Hauch von Verfall. Folglich kann ich manche Geschichten meiner Mutter und meiner Großmutter erzählen, als wären es meine eigenen.

Sei es das „Sie kommen, sie kommen!“, das meine Großtante rief, als die Nazis in der so schrecklich benannten Reichskristallnacht die Wohnung aufbrachen, in der meine Großmutter als Teenager lebte. Oder eine der lustigeren Geschichten, die in der Bibliothek meiner Erinnerungen stehen und die vor meiner Geburt geschrieben wurden: die *Ode an die „GRIEBEN“*. Sie erzählt von einem Pessach-Essen, bei dem wegen der Herzkranzgefäß-Operation meines Großvaters auf den Höhepunkt des Abendessens verzichtet wurde: die in Hühnerfett gebratene Hühnerhaut.

Ode an die "GRIEBEN"

---

Grieben seien ungesund,
für das Herz und machen rund.
Andererseit's sind sie sehr gut
für das Gemüt - nicht für das Blut.

Doch sicher ist auch dies sehr wichtig
auch wenn das Gegenteil ist richtig.
Auch das Gemüt braucht seine Nahrung
drum find' ich sehr gut diese Paarung.

Ja "Sündeli" heben immer die Moral
drum' Esthi mach es nicht zur Qual
Wir lassen es uns nicht verdriessen
und wollen "GRIEBEN" doch geniessen.

Gewidmet an Esthi
die "Küchen-Moralistin"

von Deinem Dich trotz Allem
liebenden

Jacques

Erev Pessach 1990

Diese Art von persönlicher Geschichte begleitet mich auf all meinen Wegen. Ich betrachte sie als vielleicht größtes Privileg. Denn die Auslöschung von Geschichte und Geschichten ist gewaltvoll. Es ist der Versuch, kulturelle Identität auszulöschen und ein unverzeihbarer Akt der Entmenschlichung.

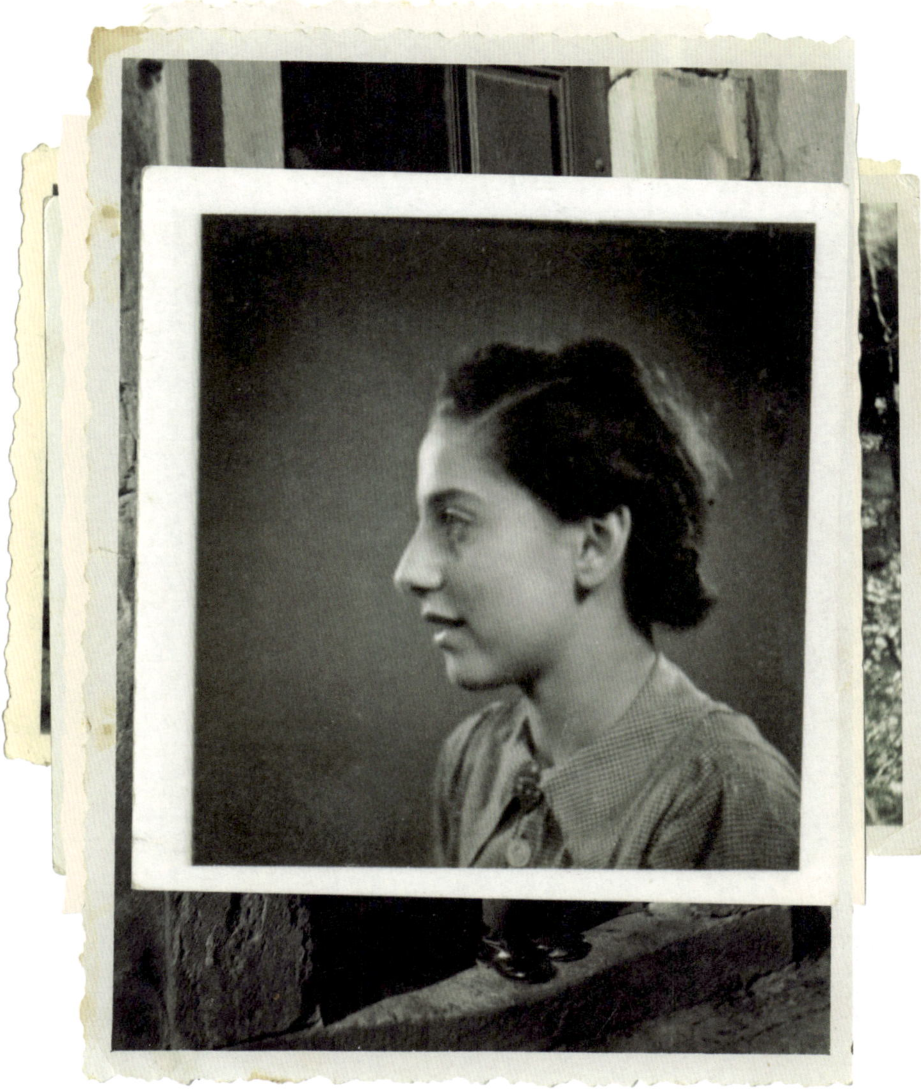

*Breathing archive:* family pictures

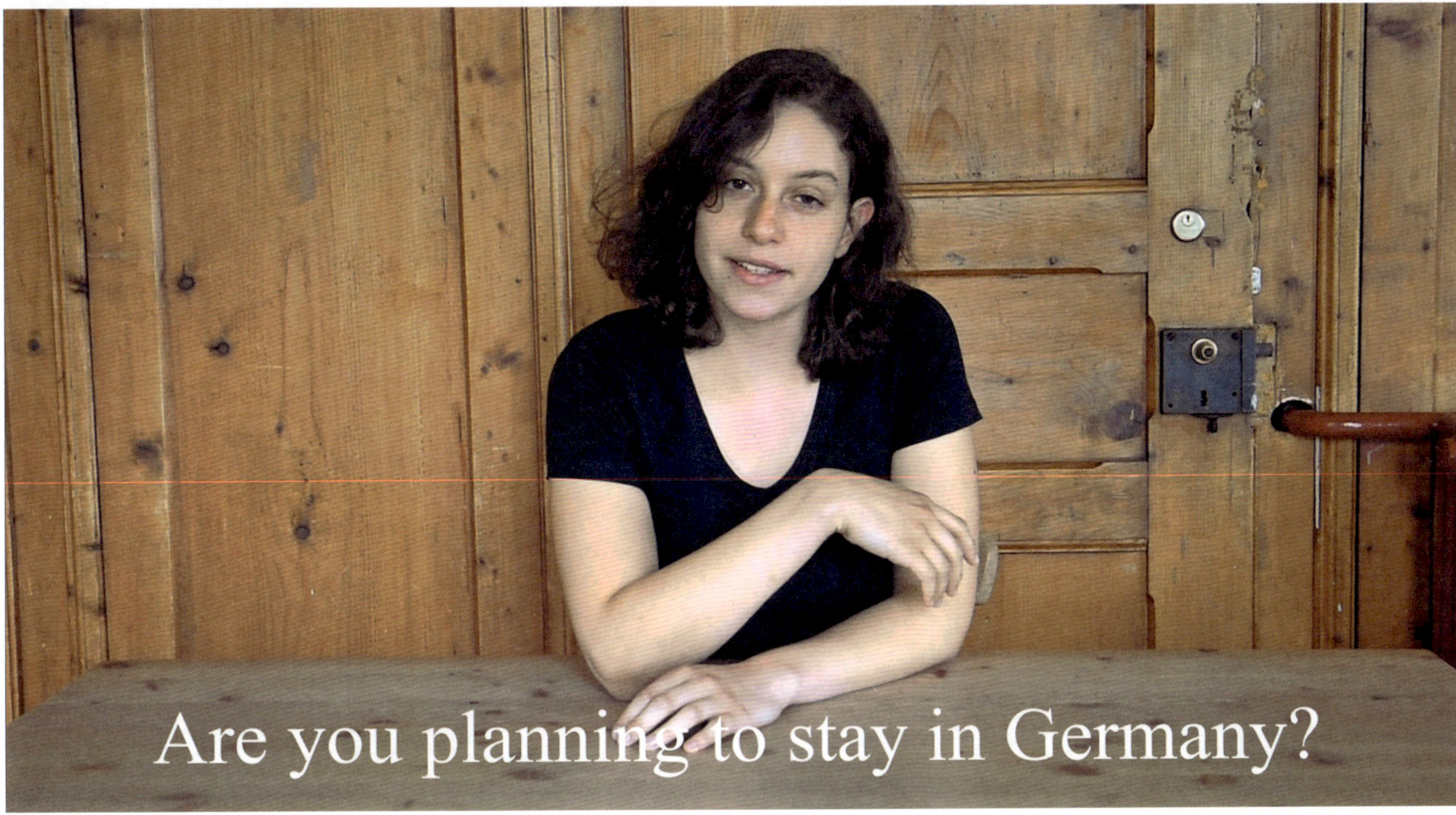


*Wollen Sie in Deutschland bleiben?*

In the flea market, I come across a plethora of family photos and cards, the fabrics of various families thrown together in a composition of disarray. There is an artwork waiting to happen here. Not for me or maybe just not today. I know how lucky I am to have that fabric of my family woven tightly, a tapestry of threads dense with remembrance, and only a light touch of decay. One result being that some stories of my mother and grandmother I can tell as though they are my own.

Whether it is the *"Sie kommen, sie kommen!"* my great Aunt shouted during the horrifically named Crystal Night as the Nazis stomped up to the apartment to where my grandmother lived as a young teen. Or, more humorously, lined up in the library of stories in my mind is *The Ode to "GRIEBEN,"* written before I was born, about a Passover happening where the favorite dish of chicken skin fried in chicken fat wasn't served after my grandfather's coronary artery surgery.

I see it as perhaps one of the greatest privileges. An erasure of history is a violent motion, an attempt to abolish a cultural identity and an unforgivable act of dehumanization. This kind of personal history is my accompaniment; where I walk, so, too, does my past stride beside me. My best friend looks in awe, or who knows, perhaps polite boredom, at the many organized photos, documents, letters, and even hobby artworks of my family that I have digitized. I wonder what it would be like to have silence there instead. I think the silence would be a deafening one;

Meine beste Freundin schaut beeindruckt oder vielleicht auch höflich-gelangweilt auf die vielen digitalisierten und akribisch sortierten Fotos, Dokumente, Briefe, ja sogar Hobbykunstwerke meiner Verwandtschaft. Ich glaube, wenn an deren Stelle einfach nur ein Nichts wäre, wäre die Stille ohrenbetäubend. Einsamkeit ist immer laut. Zumindest für mich.

In Gedanken vertieft, laufe ich davon weg.

Als ich nach Wien zog, besuchte ich als Erstes die jüdische Gemeinde. Ich bin mir nicht sicher, was ich mir erhofft hatte, jedenfalls fand ich es dort nicht. Das Gleiche tat ich später in Leipzig, danach in Braunschweig. Dort schien sich der Kreis zu schließen, denn dort traf ich wieder auf die Kantorin aus Wien. Sie hatte eine besonders schöne Stimme. Ich glaube, hier fand ich, wonach ich gesucht hatte: nichts Religiöses, sondern das Gefühl von Vertrautheit, das sich schmerzlich mit einem kleinen Tropfen Nostalgie vermischte. Und ein gewisses Maß an Akzeptanz und Willkommensein.

Manchmal spüre ich nicht, wie einsam oder hart etwas ist, bis es vorbei ist. Als meine nackten empfindlichen Füße vom rauen, kalten Stein auf die polierte Holzoberfläche treten, werde ich daran erinnert. Ich öffne die Glastür, und gleich schlägt mir die vertraute Wärme entgegen und hüllt mich ein. Und ich bewege mich in der Sauna nach ganz oben. An der heißesten Stelle fühle ich mich wohl, denn schließlich bin ich in dieser Hitze aufgewachsen.

loneliness is always loud, at least for me. With that in mind, I walk towards a path away from it.

My first act when I moved to Vienna was to visit the Jewish community. I am not sure what I was hoping for, but I didn't find it there. Later, I did the same in Leipzig. Then in Braunschweig, where it seemed to come full circle as I met the same cantor there that had been in Vienna. She has a particularly beautiful voice. I think then I found what I was looking for: rather than religion, it was the aching feeling of familiarity, with a little drop of nostalgia mixed in. A measure of acceptance and welcome.

Sometimes I don't know how lonely or hard it is until it all stops. The raw sensation of my bare feet moving from rough cold stone to a smooth wooden surface reminds me of that. Opening the glass door, a familiar blanket of warmth hits and I step to the very top of the sauna, comfortable in the hottest spot because, after all, I grew up in this heat.

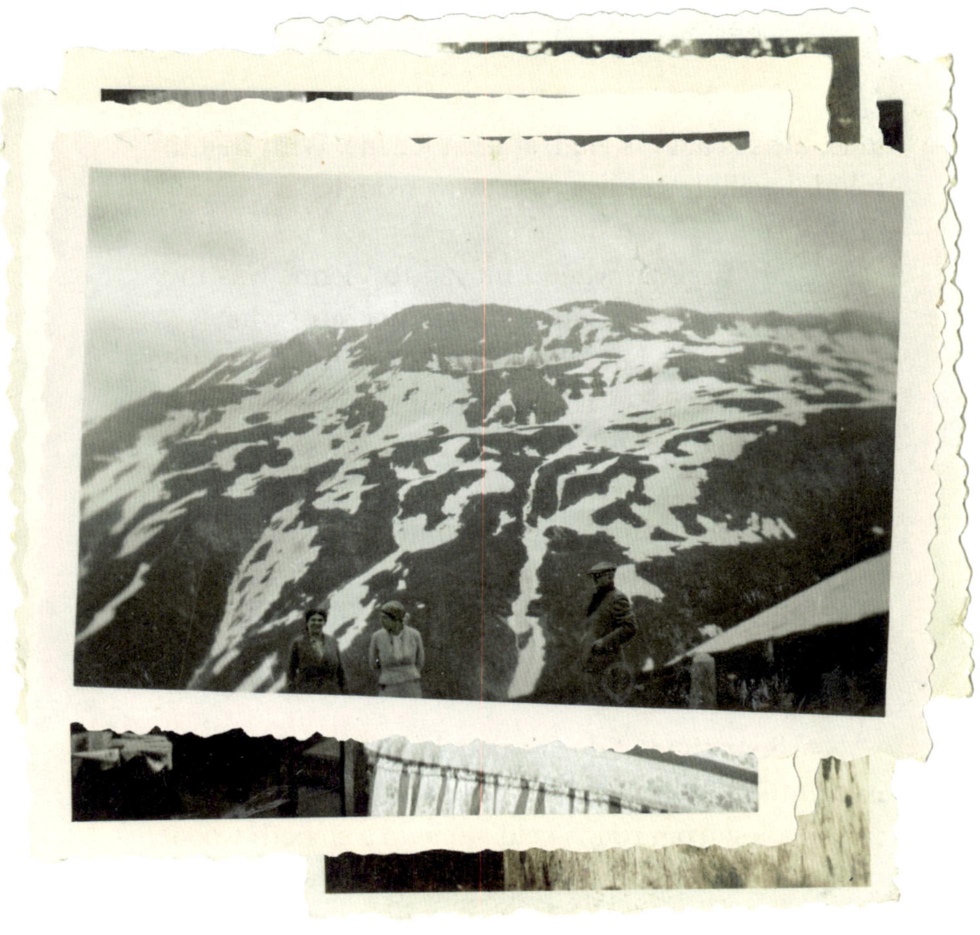

*Atmendes Archiv:* Familienbilder

It is women's day. Everyone who is sitting here is comfortable, for this moment at least, with their body and nudity. By the third sauna round, the conversation slowly starts. The woman next to me starts talking. In a swerve away from the logic of reality, she recognizes me by my nipples, seeing that they are the same as my grandmothers were. She whispers a secret to me; she has a body inheritance too: the vulva of a giant. Impossible! Eyes unbelieving, I ask permission to see it, and she lies back to allow me. Her legs grow and grow until they are on either side of me, two walls leading to a center.

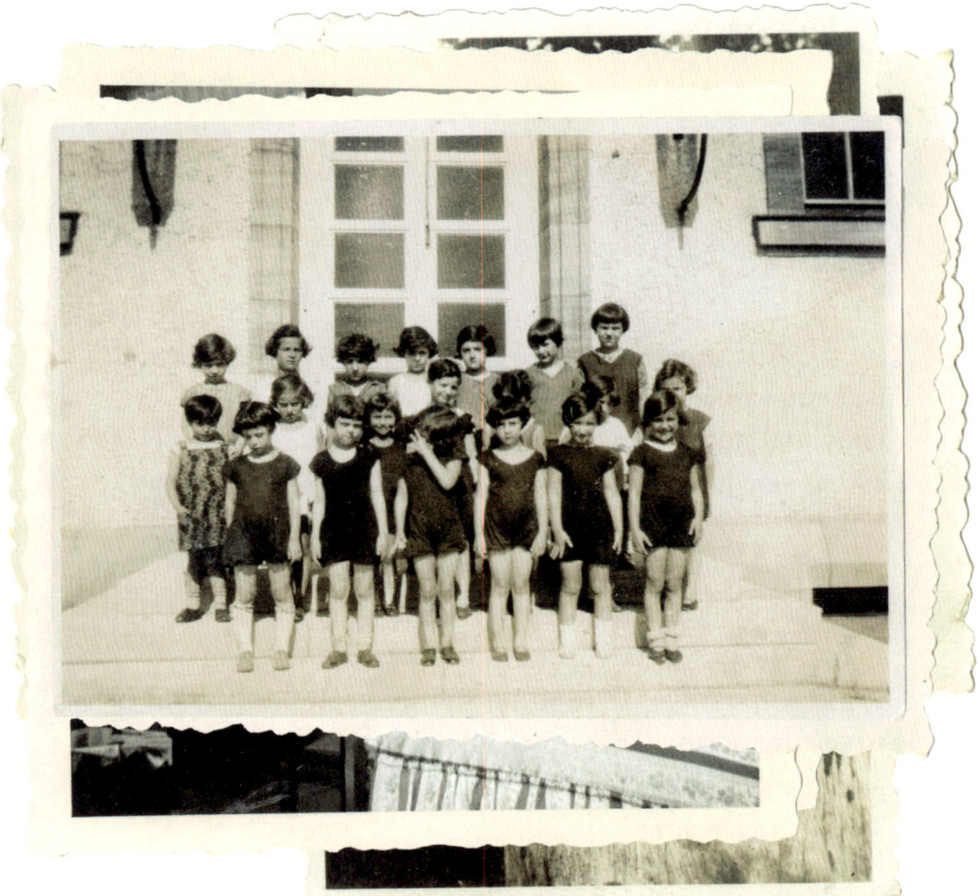

*Atmendes Archiv:* Familienbilder

The heat of the sauna changes to a different kind of warmth, that of a surrounding body added to it. I am not sure what I will see when I enter, but enter I do. At first, it is completely dark, and then the exhibition turns on: a light at the same pace as my breath, made by a projector–no, projectors–that are fastened to the ceiling. Wall to wall projections span the room; the breathing archive begins.

Taken from memory are the photos of my family and their friends, whether or not they were Jewish, are shown by the projectors with no context. Let the Jewishness of the archive stay unexplained. Rather than an archival approach–listing names, years, and places–I invite you to reject classification and categorization with me.

When Judaism is not a label anymore, it becomes a layer of identity. This veers away from the memory culture we live with in Germany where to be Jewish today is to be squeezed into a narrative of German past and present. It harms through the minimization of a complex narrative of identity and belonging that is present in every person then and now.

Es ist Frauentag. Alle, die hier sitzen, fühlen sich zumindest in diesem Moment mit ihrem Körper und ihrer Nacktheit wohl. Bei der dritten Saunarunde kommt langsam ein Gespräch in Gang. Die Frau neben mir spricht mich an. Realität und Logik beginnen sich aufzulösen, in dem Moment, als sie mich an meinen Brustwarzen, die denen meiner Großmutter ähneln, wiedererkennt. Sie flüstert mir ein Geheimnis zu; auch sie hat ein Körperteil geerbt: die Vulva einer Riesin. Unmöglich! Mit großen Augen frage ich sie, ob ich sie sehen darf; sie lehnt sich tatsächlich zurück, um mich einzulassen. Ihre Beine wachsen und wachsen, bis sie mich von beiden Seiten umschließen, zwei Wände, die zu einer Mitte führen.

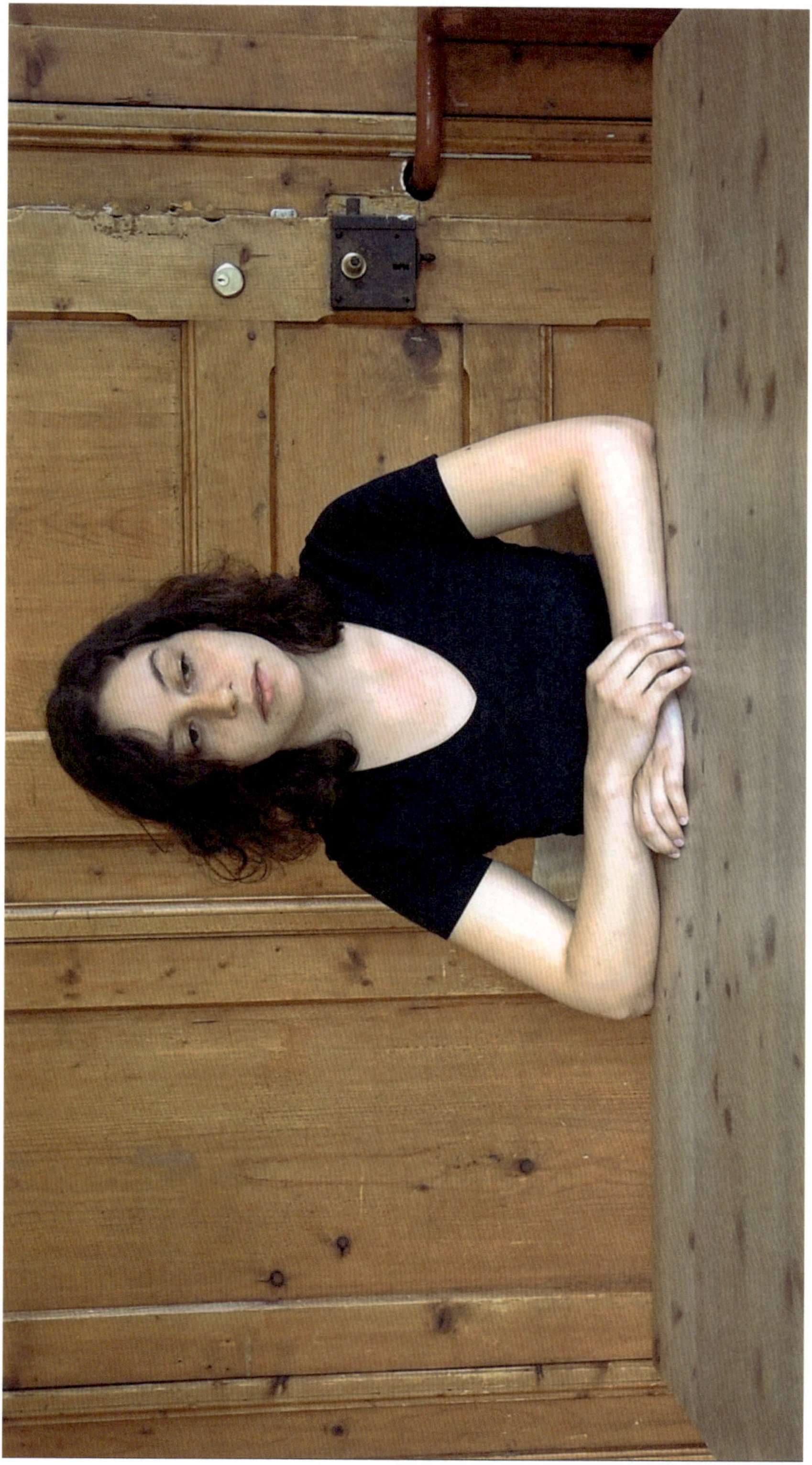

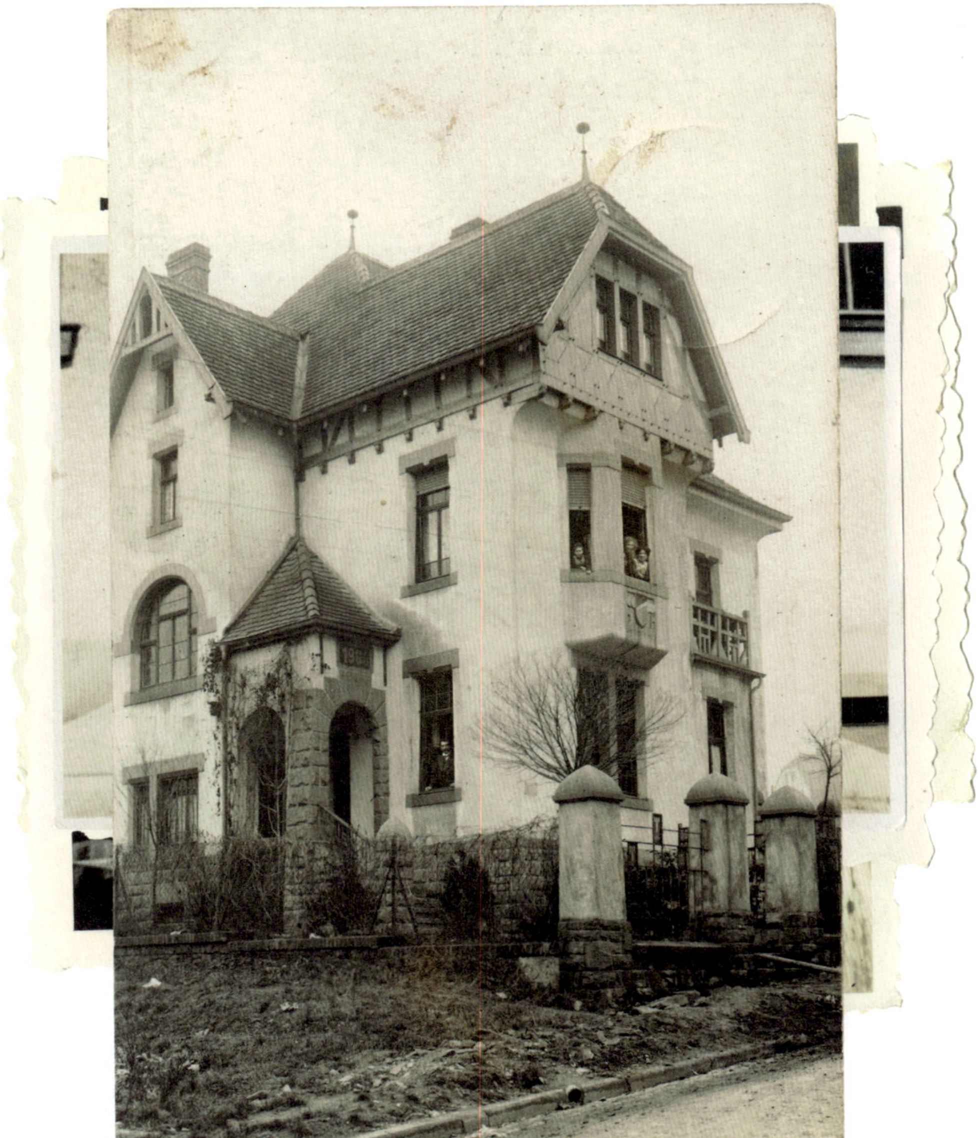

*Atmendes Archiv:* Familienbilder

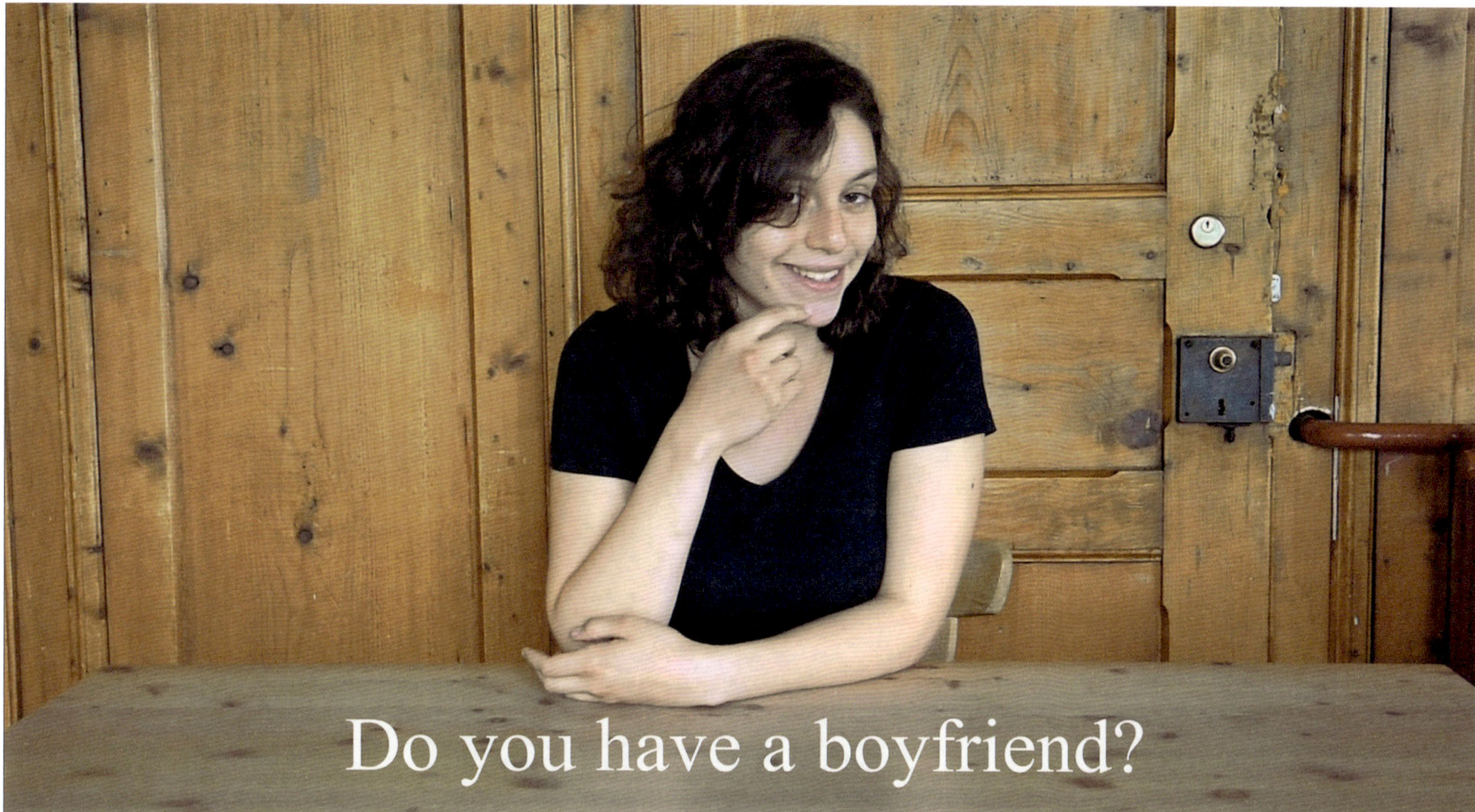


*Haben Sie einen Freund?*

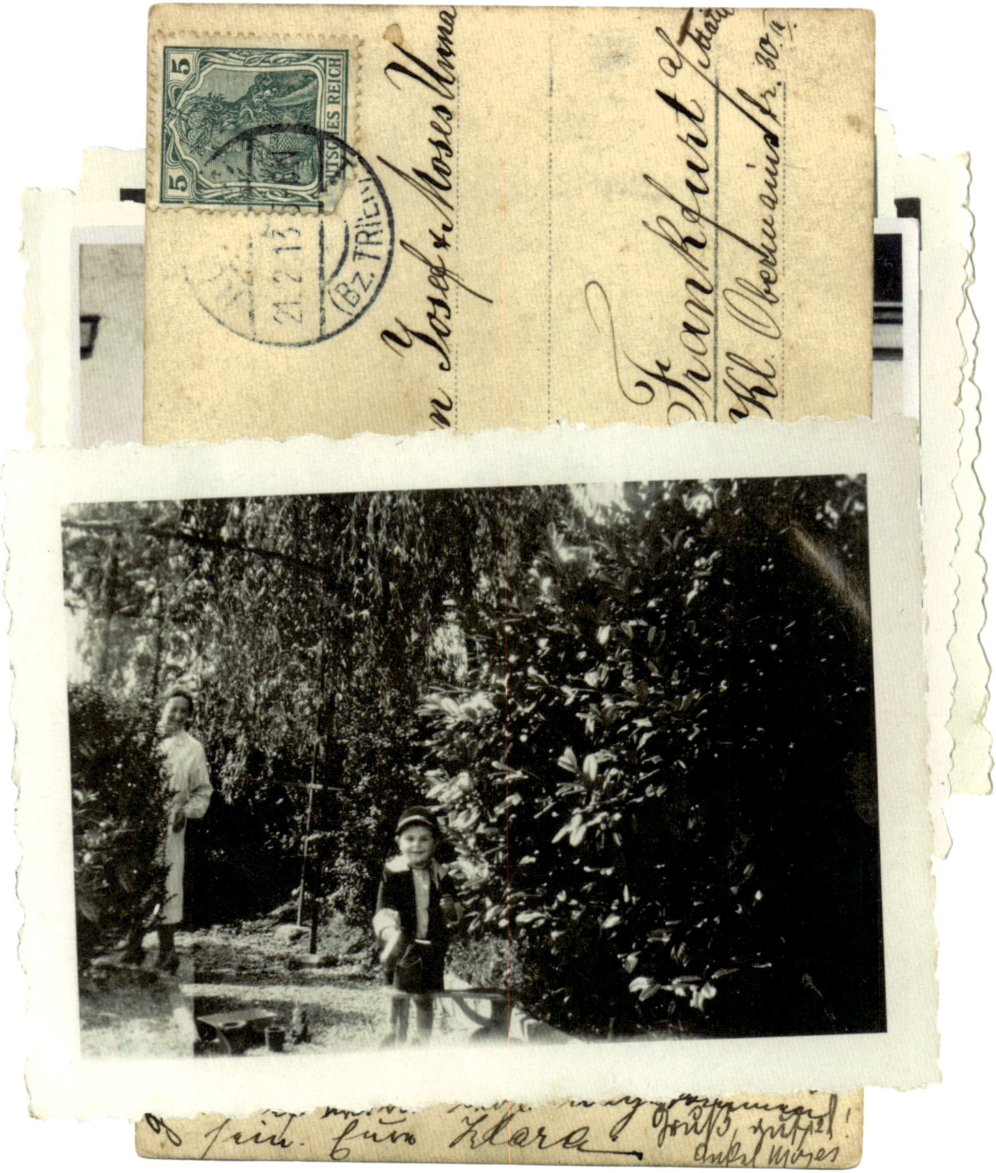

*Atmendes Archiv:* Familienbilder

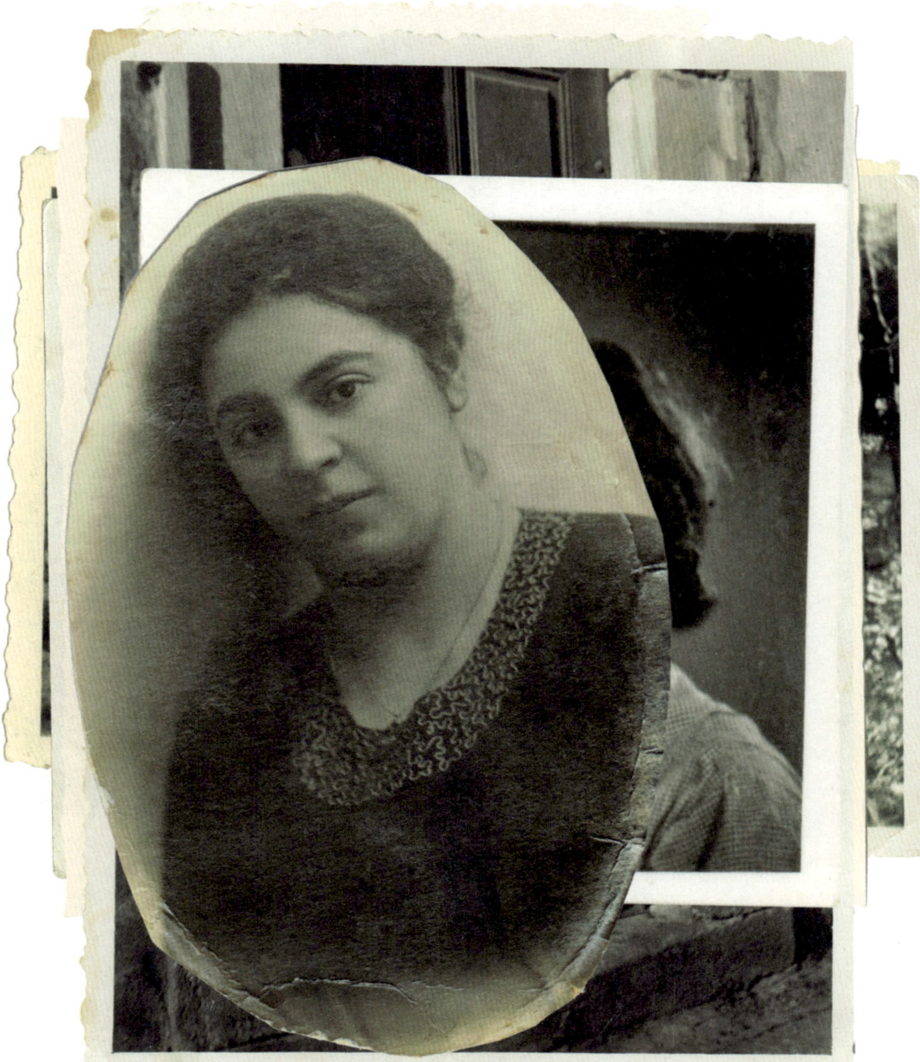

*Breathing archive:* family pictures

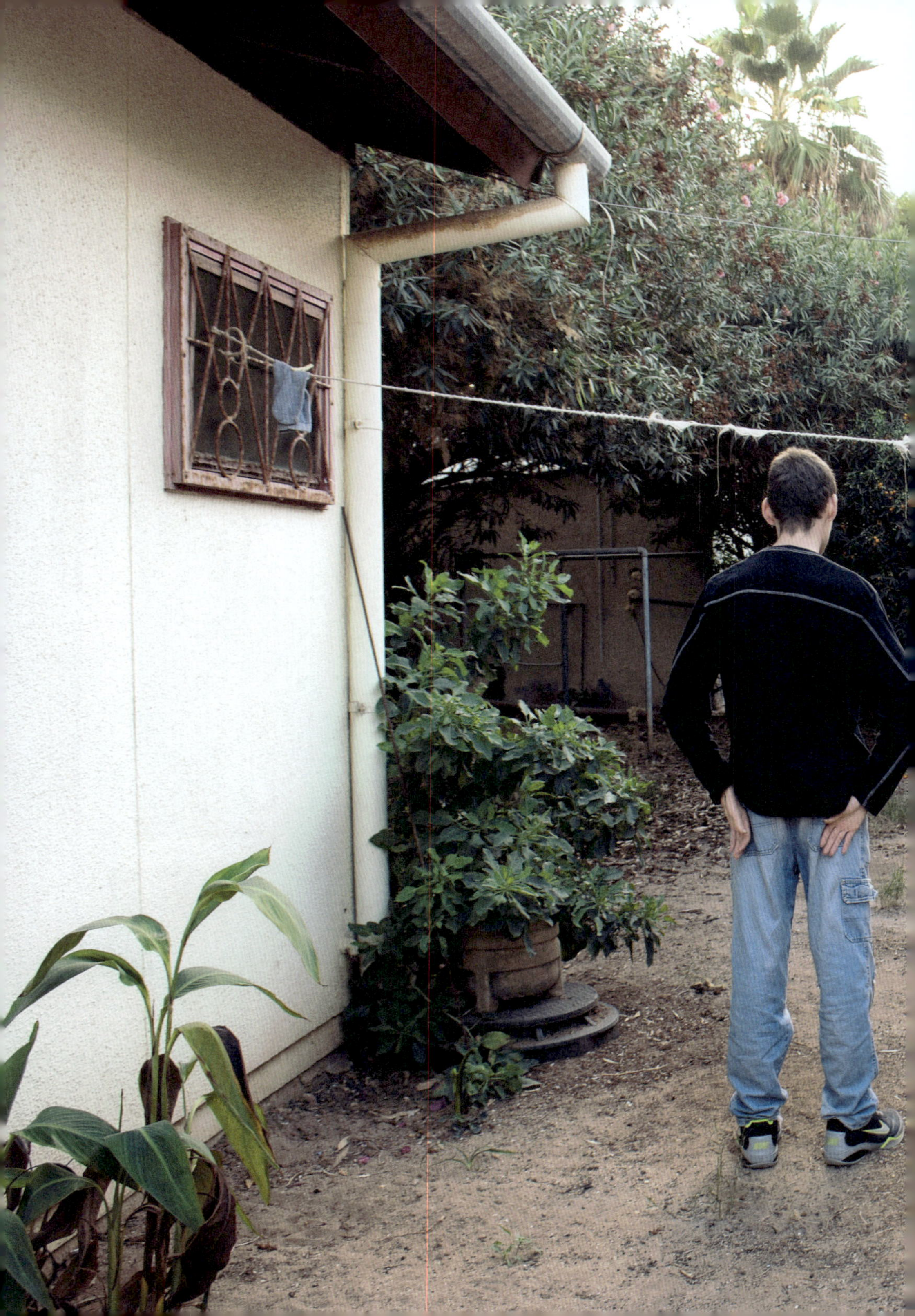

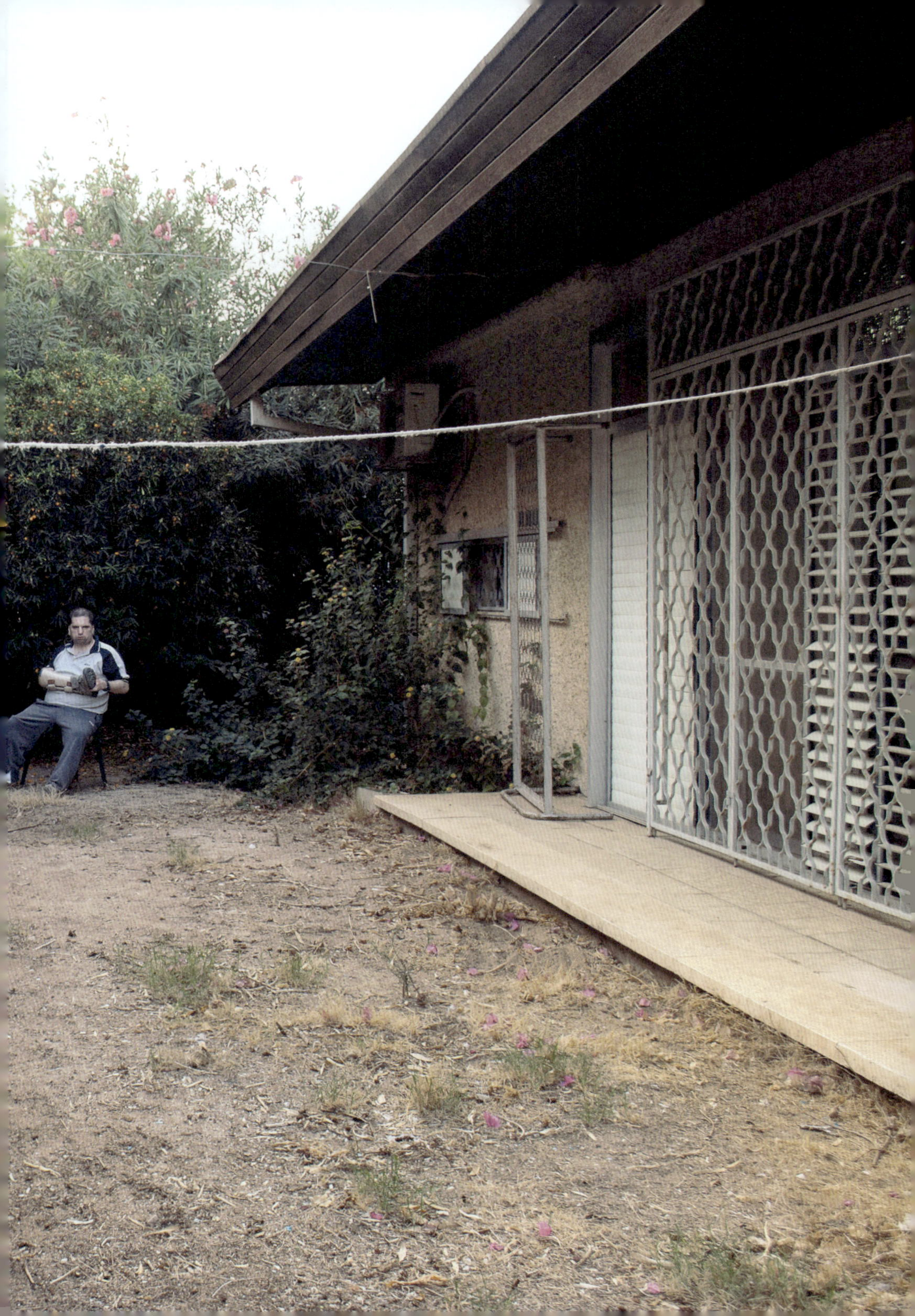

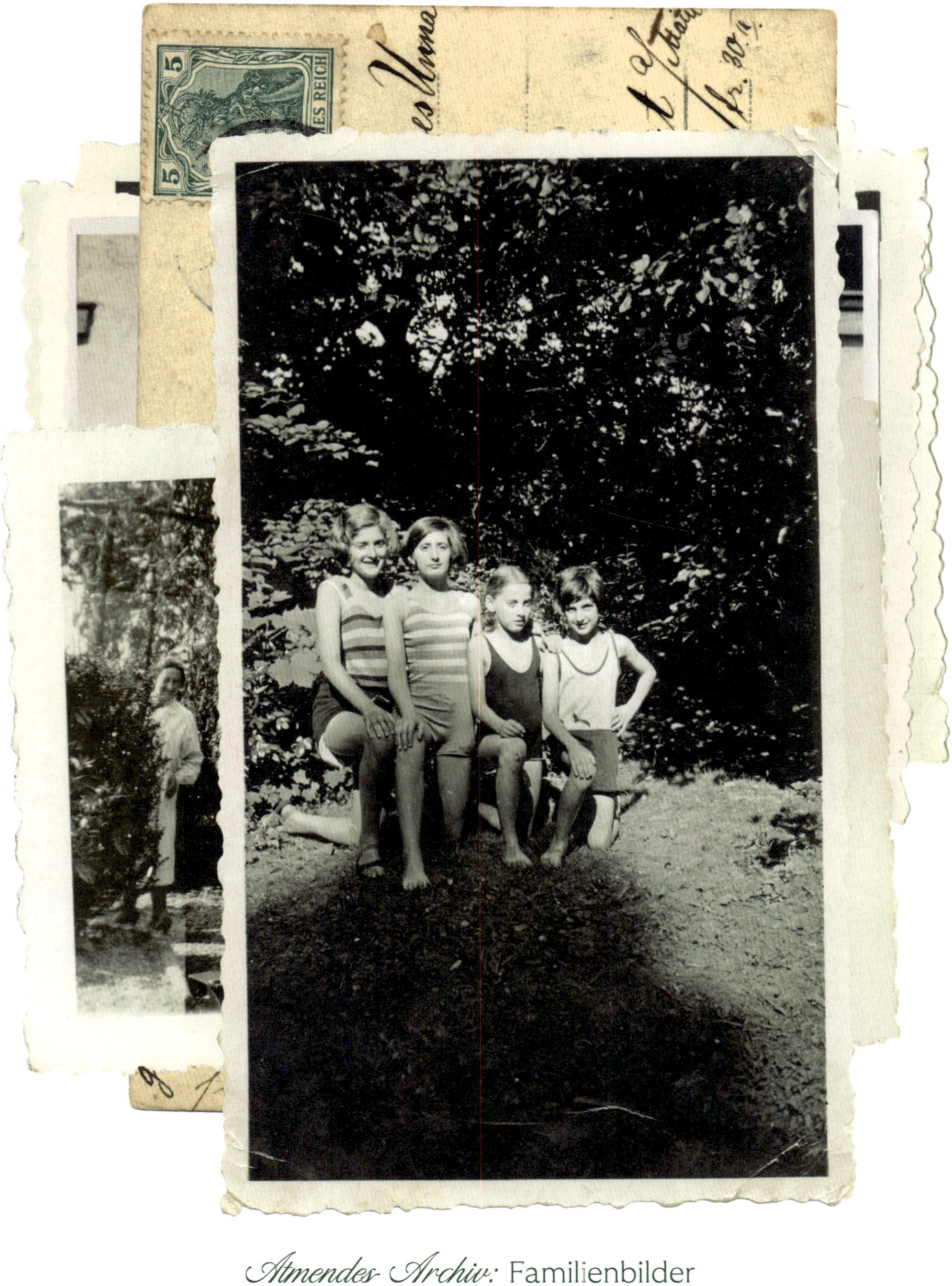

*Atmendes Archiv:* Familienbilder

The archive is in action.

From photo to photo, it changes, with an inhalation dipping into the darkness between each image, like a lazy blink of the mind and the eye, an artificial breath of projected light that gives space for thought. When it breathes, it revives a window to a past and people. Let's sit here, rather than separating your people from mine: we can imagine these people as people. I as in not me, but the "I" that is you and me can recognize, acknowledge, and associate with your-my family history.

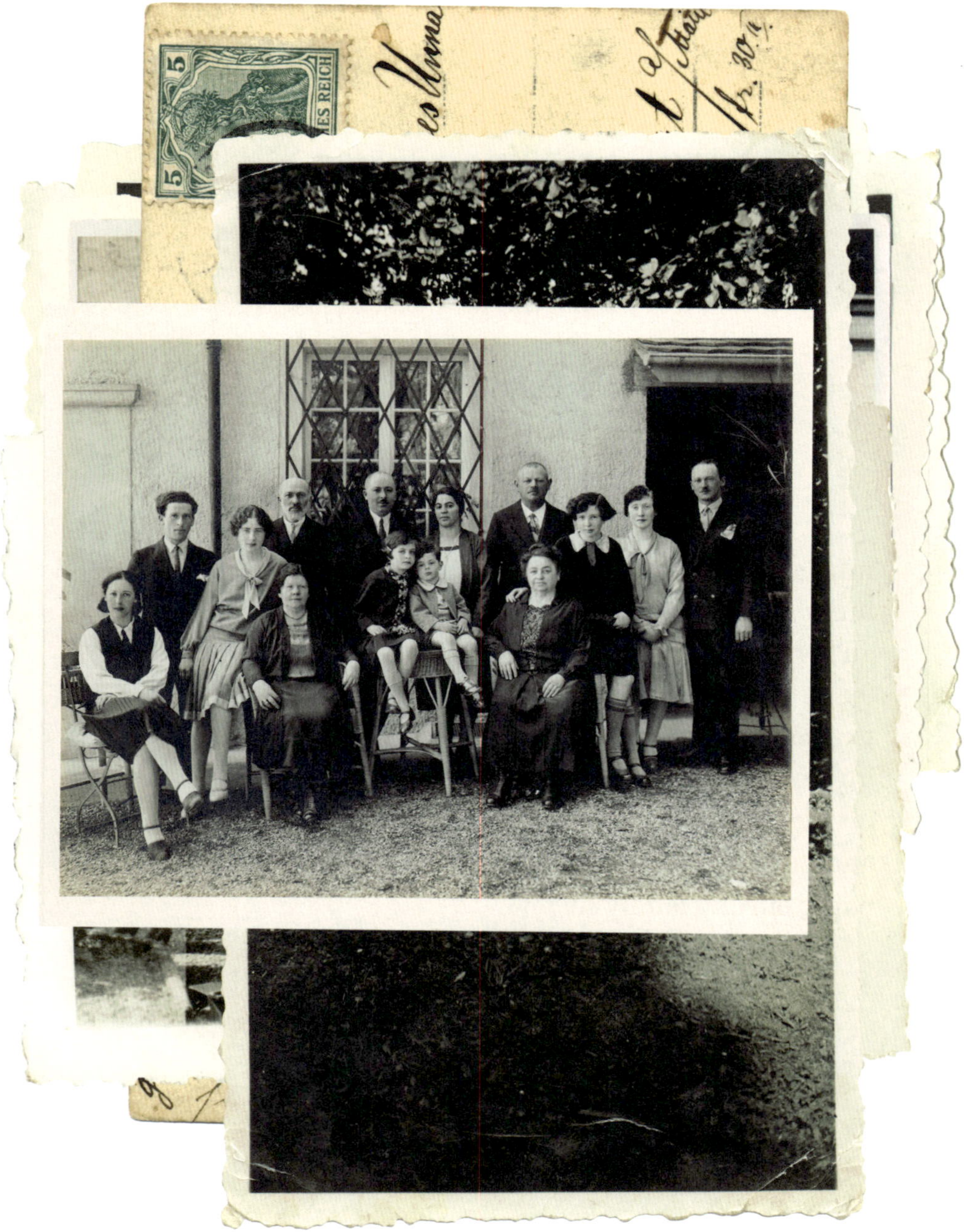

*Atmendes Archiv:* Familienbilder

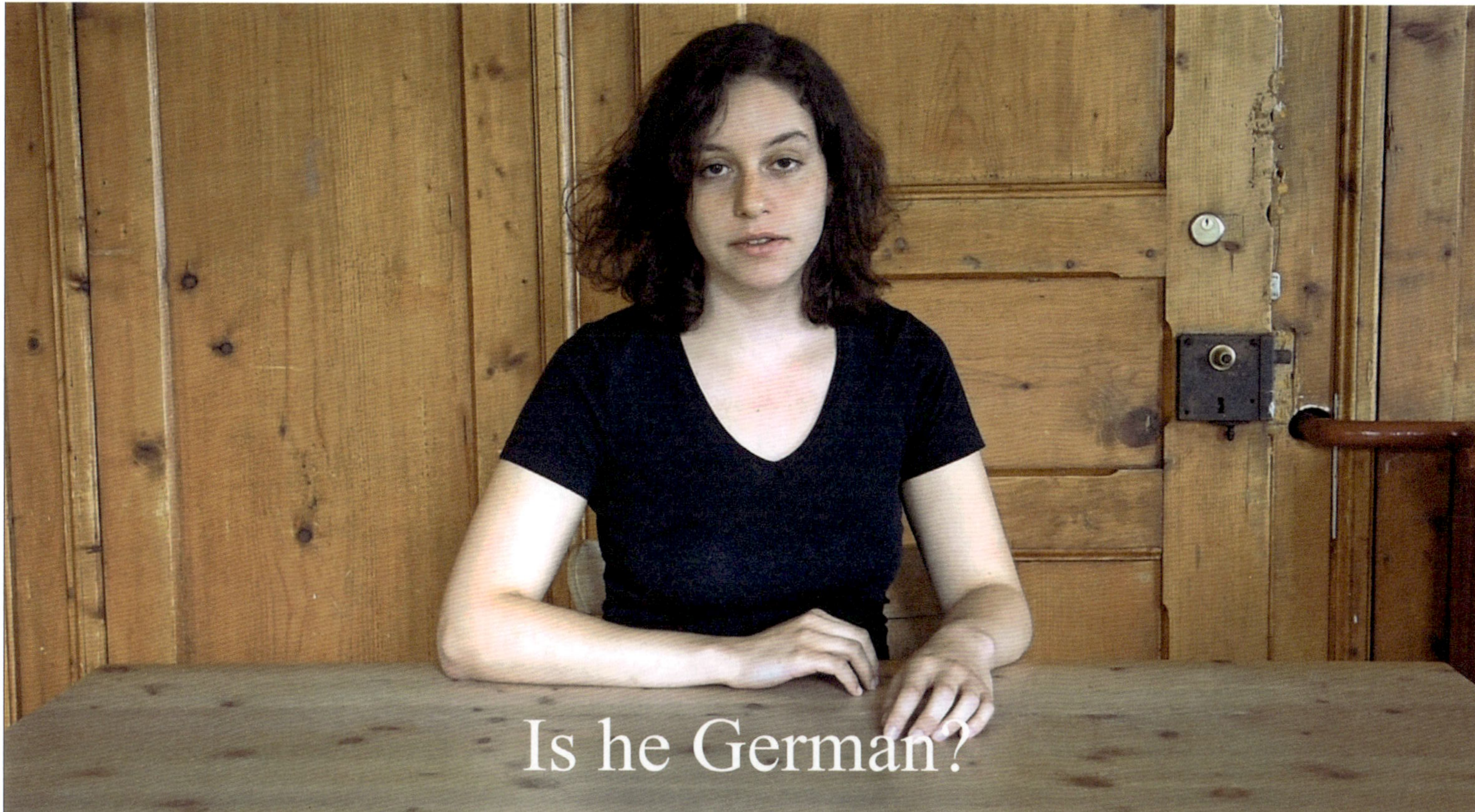


*Ist er Deutsch?*

Die Hitze der Sauna verändert sich zu der Wärme eines umhüllenden Körpers. Ich bin mir nicht sicher, was ich sehen werde, wenn ich eintrete, aber ich wage es: Zu Beginn ist es völlig dunkel, dann eröffnet die Ausstellung: Ein Licht blitzt im Takt meines Atems auf, erzeugt von einem Projektor – nein, Projektoren, die an der Decke befestigt sind. Sie werfen Bilder auf die Wände rundherum. Ein atmendes Archiv.

Fotos und Erinnerungen von meiner Familie und ihren Freund*innen, jüdischen und nicht jüdischen, die Projektoren zeigen sie, aber sie zeigen keinen Zusammenhang. Lassen wir alles Jüdische des Archivs ohne Kommentar. Ich lade euch ein, keinen Zugang über Namenslisten, Jahreszahlen und Ortsangaben zu suchen, sondern mit mir auf Klassifizierungen und Kategorisierungen zu verzichten.

Wenn Jüdischsein keine Kategorie mehr ist, darf es zu einer Facette unserer Identität werden.

Das führt uns von der Erinnerungskultur in Deutschland weg, in deren Sinne Jüdischsein heute bedeutet, in das deutsche Narrativ der deutschen Vergangenheit und Gegenwart gepresst zu werden. Diese Vereinfachung von komplexen Zusammenhängen wie Identität und Zugehörigkeit, die uns alle damals wie heute betreffen, richtet Schaden an.

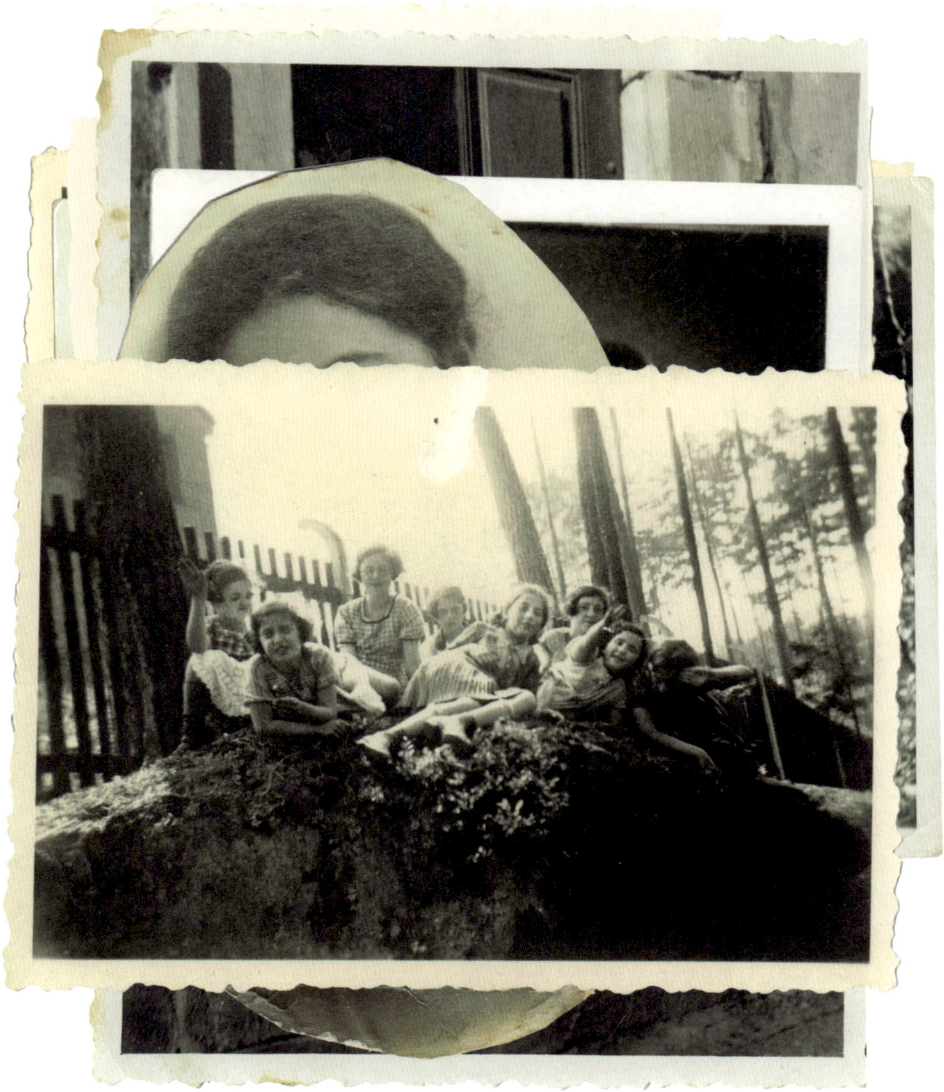

*Breathing archive:* family pictures

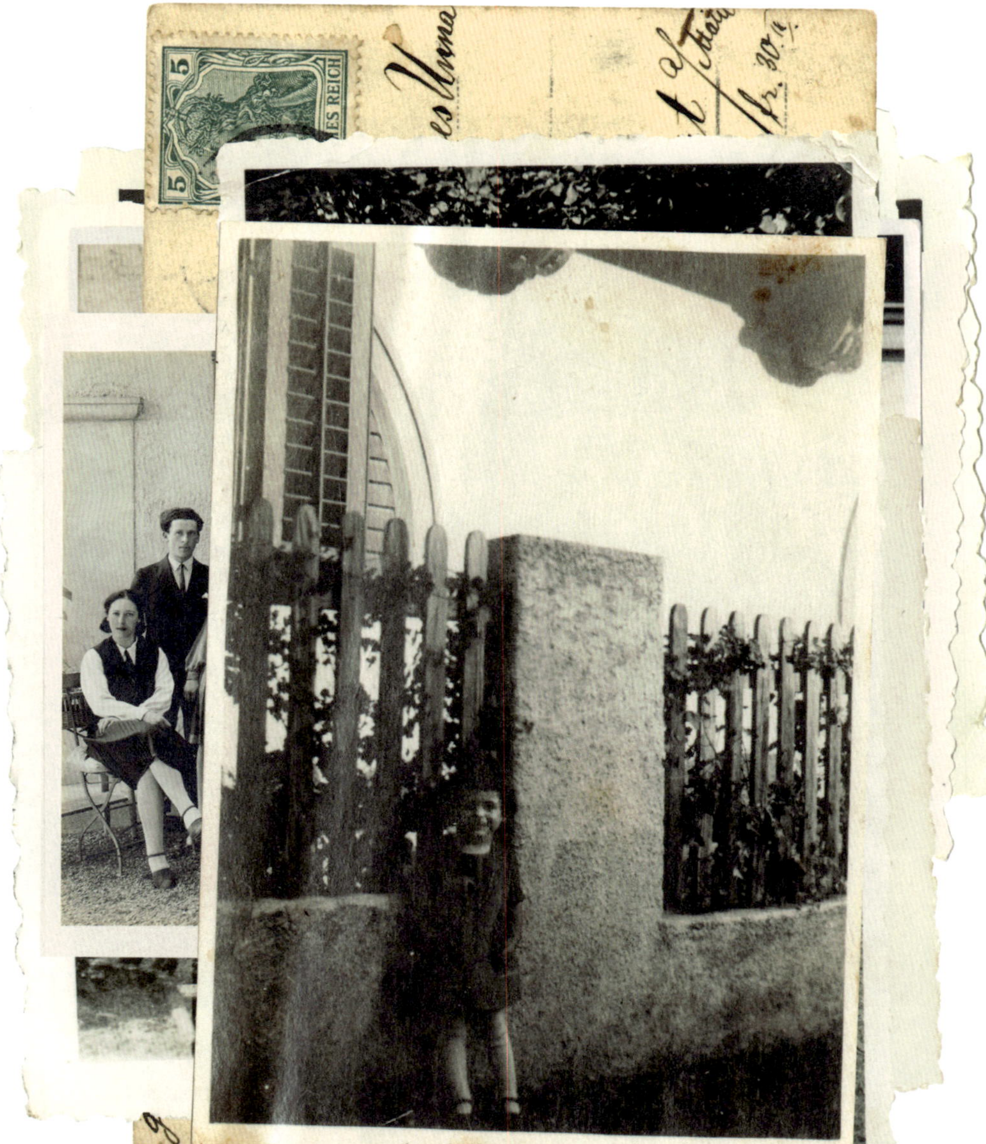

*Atmendes Archiv:* Familienbilder

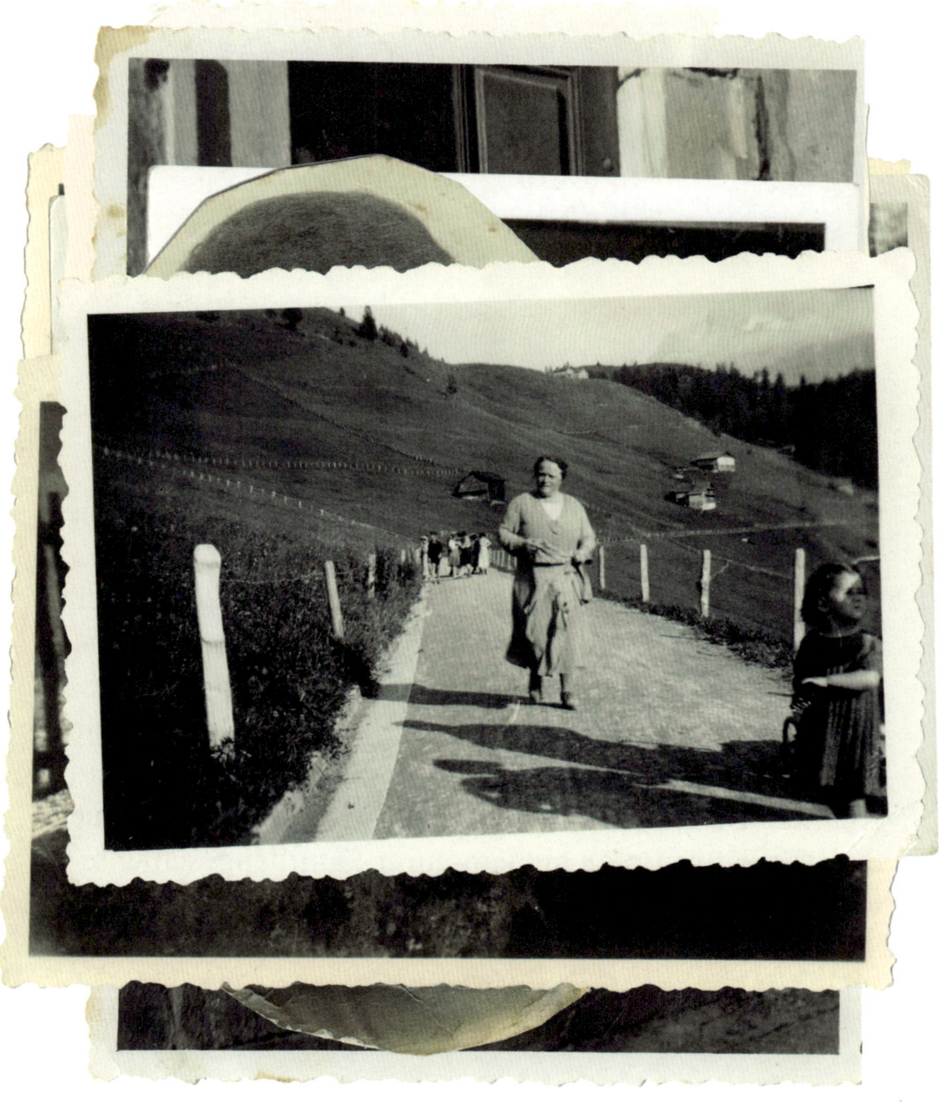

*Breathing archive:* family pictures

Das Archiv ist tätig.

Es verändert sich von Bild zu Bild. Mit einem tiefen Atemzug zwischen den Bildern tauchen sie in die Dunkelheit ab, ein träges Blinzeln des Auges und des Geistes, während uns der künstliche Hauch des Lichtstrahls einen Raum für Gedanken öffnet. Wenn es atmet, öffnet es ein Fenster in die Vergangenheit, und wir sehen die Menschen. Lasst uns hier sitzen und diese Menschen einfach als Menschen begreifen, statt eure von unseren zu trennen. Dieses „Ich" meint nicht nur mich, sondern auch dich. Es könnte mich in mein-eurer Familiengeschichte wiedererkennen.

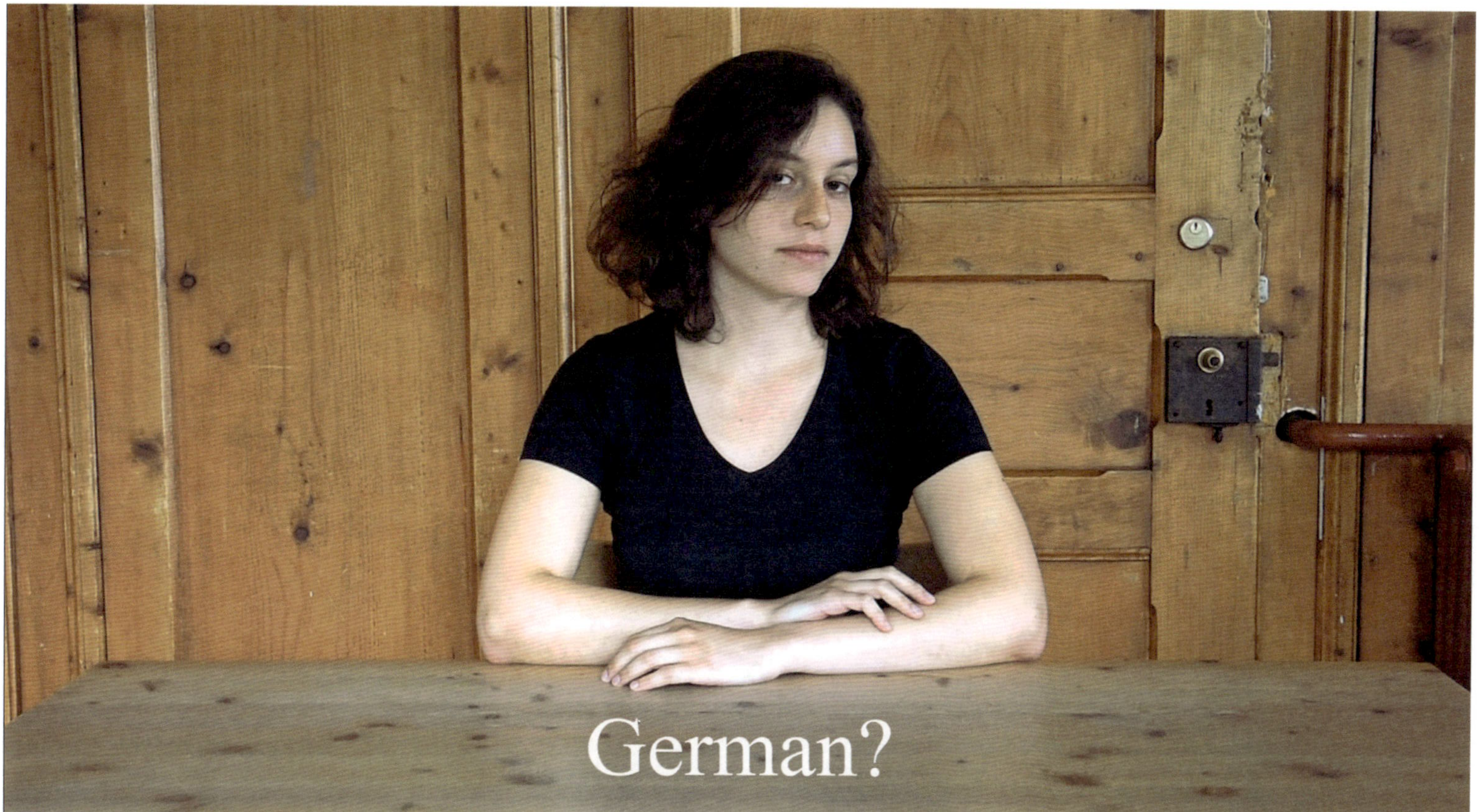


*Deutscher?*

Ich denke daran zurück, wie ich begonnen habe, diesen Text zu schreiben, an den Anfang und wie sehr ich nach Worten gerungen habe, um damit Antisemitismus zu bekämpfen.

Ich frage mich, ob ich mit diesen Fragmenten einen Weg gefunden habe – vielleicht eher mit Bildern aus der Vergangenheit als mit Worten – meinen Gedanken einen Ausdruck zu verleihen. Zu zeigen, dass meine Familie in einem bestimmten Moment ebenso eure Familie in einem anderen Moment sein könnte, ist der Zweck dieses atmenden Archivs.

I think of where I started from writing these texts, and searching for words that would fight against antisemitism. I wonder, if with this installation I have found a way to express, perhaps not with words but with images of the past, my thoughts. I can show you that my family in one moment could be your family in another–that is what the breathing archive is for.

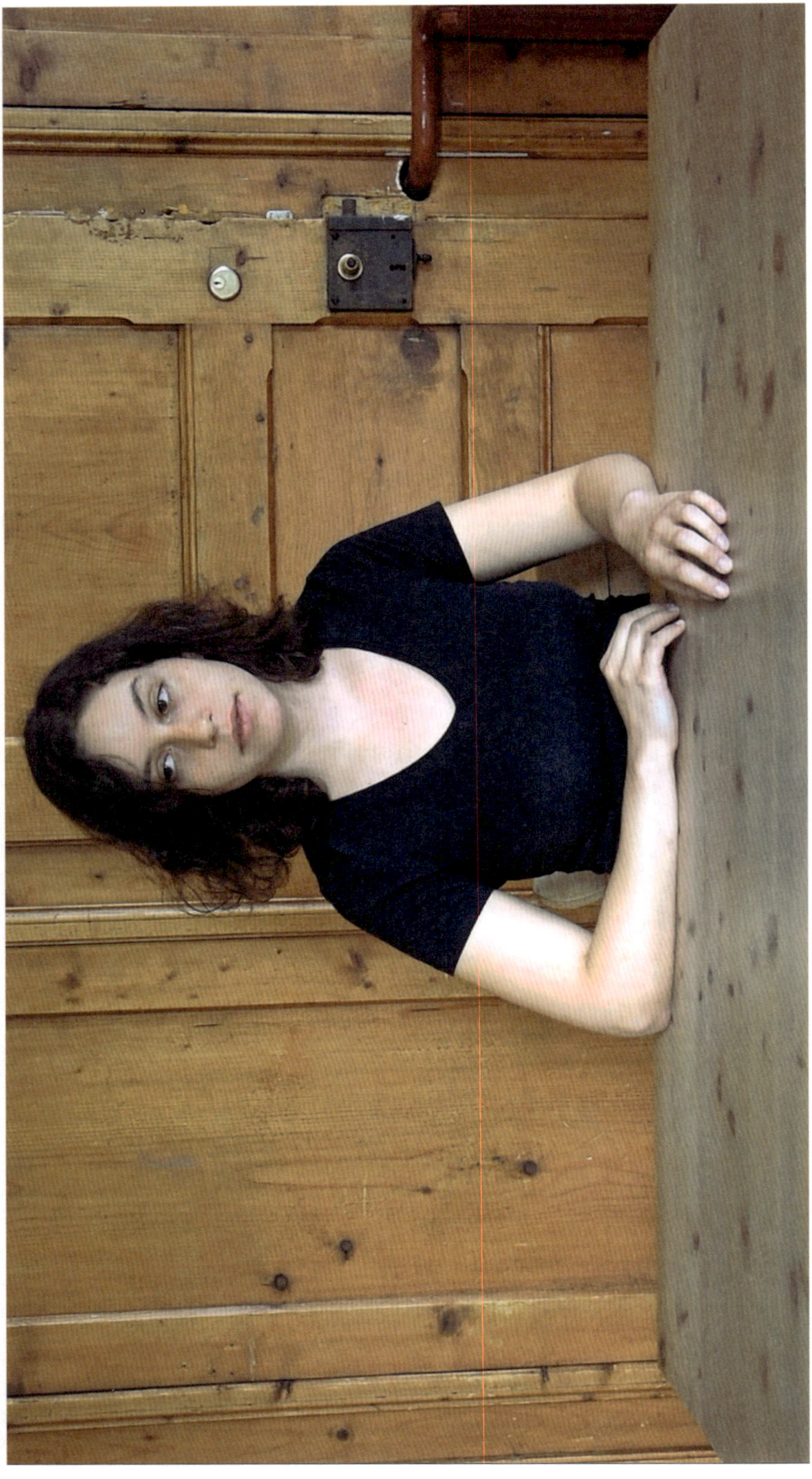

I walk out of this miraculous place of beginnings and see the exhibition's title on the lips of the entrance that I missed when entering: *breathing archive; body as heritage*. The breathing archive has taken place, and now it is time to consider the body as heritage, a body that I and every visitor to the breathing archive has taken in and out with them and is inseparable from each of us.

My body feels different because of it. With the presence of a living heritage lingering in it, I can leave the archive behind. What had begun as a tangled search for an identity–one that I define myself–has entered and settled. In the past, I had jumped back and forth from being a Jew and not, and now I am again myself, simply Jewish.

Ich verlasse diesen Ort aller Wunder und allen Ursprungs und sehe erst jetzt den Titel der Installation auf den Lippen des Eingangs, an dem ich zuvor achtlos vorbei gegangen bin: *Atmendes Archiv; der Körper als Erbe.* Das atmende Archiv liegt hinter mir, jetzt geht es darum, den Körper als Erbe zu verstehen. Den Körper, den ich und alle anderen Besucher*innen des atmenden Archivs mit uns hinein- und hinausgetragen haben und von dem wir uns alle nicht trennen können.

Mein Körper fühlt sich dadurch anders an. Mit der Präsenz eines lebendigen Erbes in mir kann ich das Archiv hinter mir lassen. Was als verwirrte Suche nach Identität begonnen hat, und zwar nach einer selbst-, statt einer fremdbestimmten, hat sich beruhigt und verfestigt. In der Vergangenheit war ich mal Jüdin, dann wieder nicht – jetzt bin ich einfach wieder ich selbst, einfach jüdisch.

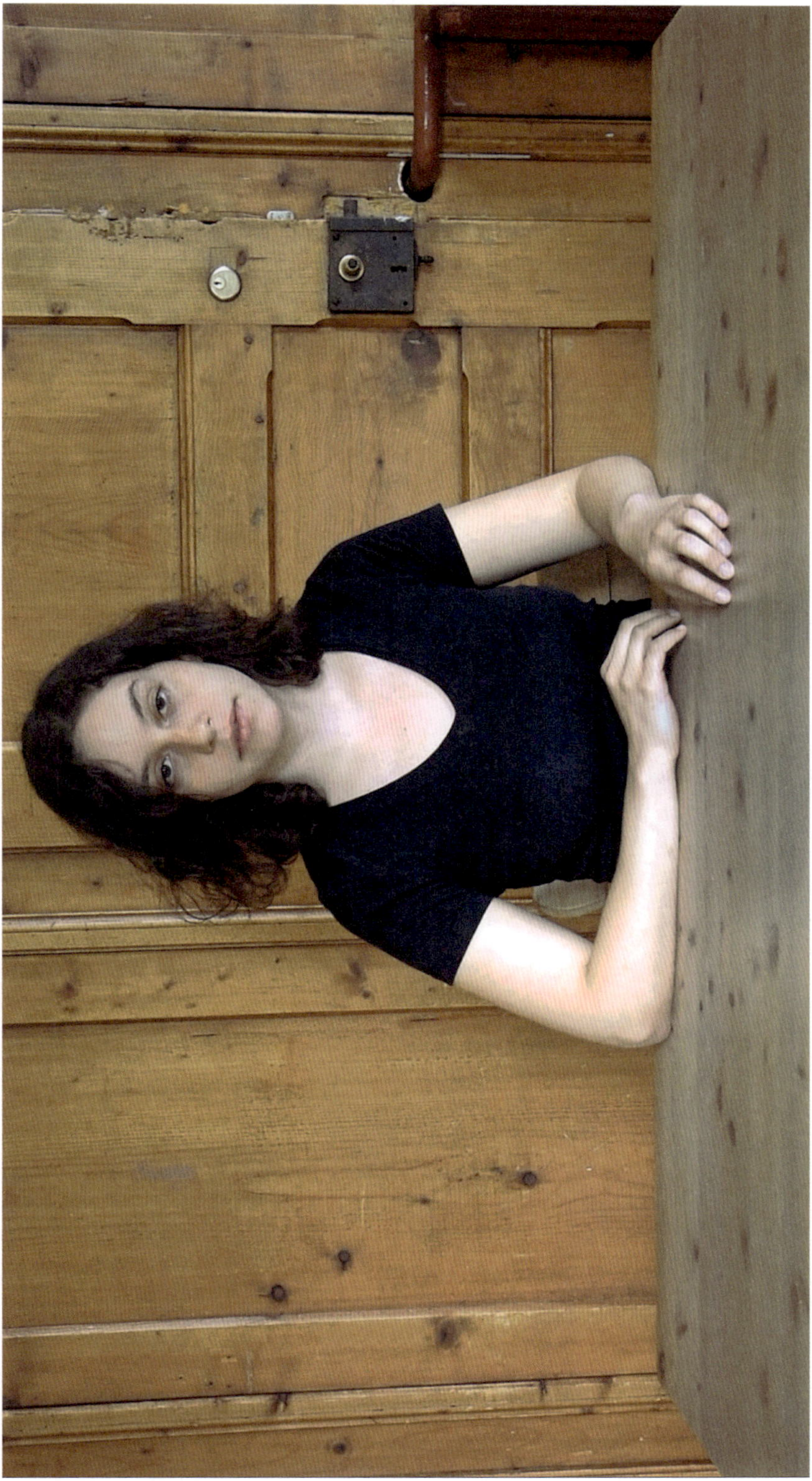

# Letter from
# Brief vom

# KUNSTVEREIN DIE H_LLE e.V.

Liebe Leser*innen,

wir, der KUNSTVEREIN DIE H_LLE e.V., freuen uns sehr, dass wir nicht nur die Produktion des Künstlerinnenbuchs *No Words of Warmth / Keine wärmenden Worte* von Sarai Meyron unterstützen konnten, sondern dass auch das Release im Rahmen der Gemeinschaftsausstellung *Where you have a homeland, I have a* ____ (3. bis 17. Juli 2022) bei uns stattfindet.

Sarai Meyron offenbart in diesem Buch deutlich mehr als ein ästhetisches Interesse: Ihre Kunst trifft, betrifft und schmerzt. Sie zeigt uns mit aller Eindrücklichkeit, was es bedeutet, sich zu entblößen, nackt zu sein. Der Text dieses Buches lässt keine andere Option zu, als ihm zuzuhören. Seine Vielschichtigkeit zwingt uns, ihn auszuhalten, und er schwankt dabei zwischen der Möglichkeit einer sanften Einfühlung in die Gedankenwelt und einem rohen, körperlichen Aufdrängen des Seins einer anderen Person. Der assoziative Gedankenstrom, der einen immer wieder mit Sarais Perspektive identifiziert – er nimmt einen mit. Mit seiner Ambivalenz zwischen Zärtlichkeit, Liebe, Verachtung, Schmerz und Ekel verlangt er uns Ambiguitätstoleranz ab.

Sarai Meyron macht damit mehr, als ihre Erinnerungen und Gedanken als junge, in Deutschland lebende, jüdische Ausländerin zu teilen. Sie verwebt uns in ein Gefühl. Sie verwebt die Geschichte ihrer eigenen Familie mit der Gegenwart und verleiht damit ihrer Schwester, Mutter, Großmutter ihre eigene, selbstbewusste Stimme. Der Text ist aus Fragmenten zusammengesetzt, Aktenschnipsel, lyrische Passagen, tagebuchartige Notizen, Töne aus Quellen, die über den Raum des Buches hinausführen.

Bei aller Verbindung und angesichts der Einladung, in ihrer Familie auch unsere wieder zu erkennen, scheint uns dieses Buch doch am wirksamsten in der irritierenden Konfrontation, da, wo Sarai Meyron ihre Körperlichkeit zeigt, ihre Verletzlichkeit, ihre Sterblichkeit. An diesen Stellen wird das Buch explizit, plastisch, konkret. Wir werden fast bedrängt von der Körperlichkeit eines anderen Menschen, einer (anderen) Frau und müssen das aushalten. Nur wenn wir es schaffen, unser Gegenüber nicht zu objektivieren, können wir ihm zuhören und antworten. Darin besteht die Basis für unser Zusammenleben. Sarai Meyron führt uns dies in ihrem Buch eindrücklich vor Augen.

Jennifer Bork und Henrike Wenzel

für den Vorstand des
KUNSTVEREIN DIE H_LLE e.V., Braunschweig

Dear readers,

We, the non-profit association KUNSTVEREIN DIE H_LLE e.V., are thrilled to announce that we not only supported the production of the artist's book *No Words of Warmth / Keine wärmenden Worte* by Sarai Meyron, but also that the release and book premiere will take place with us in the context of the exhibition *Where you have a homeland, I have a ___* (July 3-17, 2022).

Sarai Meyron reveals in this book clearly more than an aesthetic interest: Her art strikes, collides, and hurts. She shows us with all impressiveness what it means to expose oneself, to be naked. The text of this book leaves no other option, but to listen to it. Its complexity forces us to endure it, oscillating between the possibility of a gentle empathy with the world of thought and a raw, physical imposition of the being of another person.

The associative stream-of-consciousness writing that identifies you again and again with Sarai's perspective–it brings and takes you along. With its ambivalence between tenderness, love, contempt, pain, and disgust, it demands tolerance for ambiguity. Sarai Meyron does more with it than share her memories and thoughts as a young Jewish foreigner living in Germany. She weaves us into a feeling, by interweaving the history of her own family with the present, thus giving her sister, mother, and grandmother her own confident voice. The text is composed of fragments, snippets of files, lyrical and poetic passages, diary-like notes, and sounds from sources that lead beyond the space of the book.

For all the connections, and the invitation given to recognize our own family within, this book seems to us to be most effective in the provoking confrontation, there, where Sarai Meyron shows her corporeality, her vulnerability, and her mortality. At these points, the book becomes explicit, vivid, and concrete. We are almost oppressed by the corporeality of another human being, of another (other) woman, and have to endure it. Only if we stop objectifying those around us, our neighbors, can we listen and answer them. This is the basis for our living together. Sarai Meyron impressively demonstrates this in her book.

Jennifer Bork and Henrike Wenzel

on behalf of the Board of the
KUNSTVEREIN DIE H_LLE e.V., Braunschweig

# *Imprint,* *Impressum*


| | |
|---|---|
| *Author & Artist* Autorin & Künstlerin: | Sarai Meyron |
| *Concept* Konzept: | Sarai Meyron, Franziska Bauer |
| *Graphic Design* Grafikdesign: | Franziska Bauer |
| *Lithography* Bildbearbeitung: | ScanColor Leipzig, Ralf Lenk |
| *Translation* Übersetzung: | Issy Schriber, Carina Gerke |
| *Copyediting English* Lektorat Englisch: | Victoria Nebolsin, Issy Schriber, Glen Sheppard |
| *Copyediting German* Lektorat Deutsch: | Carina Gerke, Jan-Frederik Bandel, Issy Schriber, Ivana Rohr |
| *Proofreading* Fahnenkorrektur: | Sarai Meyron, Anne König, Carina Gerke |
| *Printing* Druck: | Gutenberg Beuys Feindruckerei GmbH |
| *Binding* Bindung: | Integralis Industriebuchbinderei, Lettershop und Fulfillment GmbH |

*Published by* Erschienen im Verlag:
Spector Books
Harkortstraße 10
04107 Leipzig
www.spectorbooks.com

*Distribution:*

Germany, Austria: GVA, Gemeinsame Verlagsauslieferung Göttingen GmbH
& Co. KG, www.gva-verlage.de
Switzerland: AVA Verlagsauslieferung AG, www.ava.ch
France, Belgium: Interart Paris, www.interart.fr
UK: Central Books Ltd, www.centralbooks.com
USA, Canada, Central and South America, Africa: ARTBOOK | D.A.P., www.artbook.com
Japan: twelvebooks, www.twelve-books.com
South Korea: The Book Society, www.thebooksociety.org
Australia, New Zealand: Perimeter Distribution,
www.perimeterdistribution.com





First edition / Erste Auflage
Printed in the EU
ISBN 978-3-95905-643-4

*Image credits* Bildnachweise:
p. 21, p. 22, p. 31, p. 44, p. 62, p. 80, p. 113, p. 117, p. 122, p. 154, p. 163, p. 165, p. 173, p. 179, p. 182, p. 185
Sarai Meyron, *Woher kommen Sie?*, 2017, 1:22 min., video

pp. 82–83, pp. 86–87, pp. 108–111, pp. 114–115, pp. 168–169
Sarai Meyron, *No place like home*, 2013-2015, 18 photos, photographic series

p. 25, p. 33, p. 34, pp. 36–37, p. 49, p. 90, p. 95, p. 105, p. 112, p. 116, p. 120, p. 124, pp. 126–127, p. 129, p. 131, pp. 133–139, p. 151, p. 153, p. 158, p. 160, p. 164, p. 166–167, p. 170, p. 172, pp. 175–177
Archive images from Sarai Meyron's private family archive

*Audio credits* Tonnachweise:
QR codes connect to albums by Sarai Meyron hosted at www.bandcamp.com, with the audio files performed and produced by Sarai Meyron.

*No Words of Warmth / Keine wärmenden Worte* was published in conjunction with the exhibition *Where you have a homeland I have a ____*, at KUNSTVEREIN DIE H_LLE e.V. Braunschweig, from 7/3–7/17/2022.

*No Words of Warmth / Keine wärmenden Worte* erschien im Rahmen der Ausstellung *Where you have a homeland I have a ____* im KUNSTVEREIN DIE H_LLE e.V. Braunschweig, 3.7.–17.7.2022.

KUNSTVEREIN DIE H_LLE

Die Veröffentlichungen stellen keine Meinungsäußerungen des Bundesministerium für Familie, Senioren, Frauen und Jugend bzw. des Bundesamt für Familie und zivilgesellschaftliche Aufgaben dar. Für inhaltliche Aussagen trägt die Autorin die Verantwortung.

Gefördert vom

Bundesministerium für Familie, Senioren, Frauen und Jugend

im Rahmen des Bundesprogramms

Demokratie leben!

Braunschweig DIVERSE CITY

vhs Volkshochschule Braunschweig GmbH

Kurt und Hildegard Löwenstein/Losten Stiftung

Stadt Braunschweig
Fachbereich Soziales und Gesundheit
Büro für Migrationsfragen

Stadt Braunschweig
Fachbereich Kultur und Wissenschaft

zurückgeben
STIFTUNG ZUR FÖRDERUNG JÜDISCHER FRAUEN IN KUNST & WISSENSCHAFT

# *Thank you, Danke*

There are many people to thank, who have both shaped this book and made it possible. To those people who aren't mentioned below, I hope you see yourself in the book and the passages, as I do. An outstanding THANK YOU, written in no particular order, goes to:

Anne König
Franziska Bauer
Frank Hänecke
Issy Schriber
Carina Gerke
Rebekka Weihofen
Prof. Dr. Ulrike Bergermann
Prof. Dr. Cord-Friedrich Berghahn
Henrike Wenzel
Jennifer Bork
Ivana Rohr
Julika Teubert
And most of all, my mother.

Keine wärmenden Worte

*No Words of Warmth*